GardenStone

Der Merkur–Wodan –Komplex

G-Reihe

Herstellung und Verlag:
Books on Demand GmbH, Norderstedt
ISBN 978-3-8482-0044-3

Inhaltsverzeichnis

Vorwort

Die Quellen der Germanengeschichte auf dem Kontinent sind nicht nur dürftig, sie werden darüber hinaus auch noch oft sehr unterschiedlich interpretiert; teilweise haben sogar Aspekte, die wissenschaftlich als gesichert gelten, nicht die gründliche Untermauerung, die dabei erwartet werden darf. Einerseits sind viele ältere Ansichten inzwischen überholt, die neuen Erkenntnisse haben aber das große Publikum noch nicht erreicht, anderseits wird fleißig aus älteren Werken abgeschrieben, ohne die diesen zugrunde liegenden Quellen auf ihre Gültigkeit zu überprüfen.

In vielen wissenschaftlichen und populären Publikationen wird bezüglich der Germanen ‚festgestellt‘, dass der Hauptgott der Germanen, den die Römer mit Merkur identifizieren, Wodan sei. Wenn man das oft genug an vielen Stellen liest, ist man auch am Ende geneigt, diese Behauptung als wahr anzunehmen.

Wer aber den Mut und die Bereitschaft aufbringt, komfortable und möglicherweise breitgetretene Ansichten zu verlassen und dem roten Faden der nachfolgenden Ausführungen zu folgen, der wird entdecken, dass nirgends ein Beweis zu finden ist, dass in den germanischen Gebieten innerhalb des römischen Einflussbereichs ein ‚Wodan‘ historisch belegt ist.

Dennoch will dieser Beitrag nicht überreden, er ist in erster Linie als Anreiz gedacht, sich Gedanken zu machen, die Sachverhalte aus einem anderen Gesichtswinkel zu betrachten und vielleicht eigene Schlussfolgerungen zu ziehen.

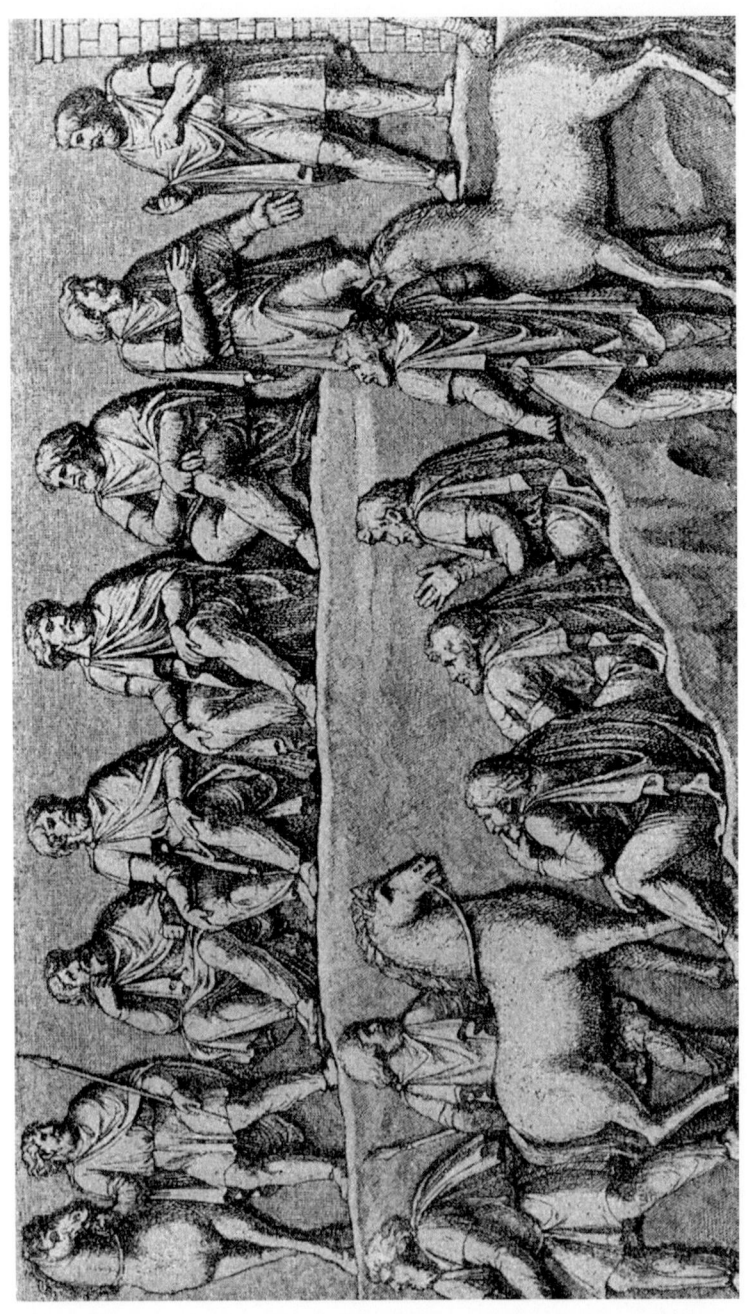

Germanische Ratsversammlung

Der Zweck
DEI DITANTUR
(Die Götter werden bereichert)

Wir kennen aus der römischen Geschichte und Mythologie den Gott Merkur. Bei den Kontakten der Römer mit anderen Völkern in eroberten und dem römischen Reich einverleibten Gebieten wurden deren Göttern oftmals mit ihren vermeintlichen römischen Äquivalenten verglichen, oft auch diesen gleichgesetzt. In entsprechenden wissenschaftlichen Büchern – und auch in solchen ohne diesen Anspruch – über Römer und Germanen kommt nun ziemlich oft ein ,germanischer Merkur' vor, der dann sofort mit Wodan assoziiert wird. So liest man z. B. im sehr bekannten, oft benutzten und viel zitierten „Lexikon der germanischen Mythologie" von Rudolf Simek zum Stichwort „Wodan":

„Wodan wird allen Zeugnissen zufolge mit dem römischen Merkur gleichgesetzt".

Diese Behauptung wird weiter nicht belegt, was bei einem Lexikon auch nicht unbedingt der Fall sein muss. Andere Werke nennen dafür aber schon einige ,Beweise'. Einige Jahrzehnte zuvor schrieb etwa Jan de Vries in seiner „Altgermanischen Religionsgeschichte":

„Soweit wir zurückschauen können, war Odin der Gott des Krieges; als solchen kennen ihn schon die Südgermanen."

Und wenn er den römischen Historiker Tacitus zitiert, der

schreibt, dass die Germanen über alle (Götter) Merkur verehren, dann hat de Vries keine Zweifel:

> **„Die Übersetzung des Namens MERCURII DIES als althochdeutsch Wuotanestac … (usw.) beweist schon, dass Tacitus mit diesem Namen Wodan gemeint hat."**

Dies ist aber keineswegs, wie der Text suggerieren möchte, ein Beweis, sondern lediglich eine Annahme. Rein aus der Luft gegriffen ist sie allerdings auch nicht, denn de Vries beruft sich auf mittelalterliche Quellen, in denen an mehreren Stellen der Name Wodan vorkommt, bzw. eine Variante, die mit Wodan gleichgesetzt wird. Andere ältere und neuere Schriftsteller sehen das auch so, hinterfragen es offenkundig nicht, werden aber oft zitiert.

Die wichtigsten Quellen, auf die sich bei dieser Gleichsetzung Wodan-Merkur als Hin- und Beweise berufen wird, sind – in willkürlicher Reihenfolge – folgende:

- Die Psychopompos-Funktion des Merkur
- Der angelsächsische Neunkräutersegen
- Der zweite Merseburger Zauberspruch
- Das Wuotanes tac Argument
- Jonas von Bobbio
- Paulus Diaconus
- Origo gentis Langobardorum
- Vita Barbati
- Beda Venerabilis
- Nennius
- Die Runenfibel von Nordendorf
- Ortsnamen
- Das sächsische Taufgelöbnis

Alles zusammengenommen sind das schon recht viele Quellen, und ihre scheinbare Beweiskraft für die ‚Tatsache‘, dass Merkur mit Wodan gleichzusetzen sei, wirkt allein durch ihre schiere Menge als erdrückend und überzeugend. Daran zu zweifeln scheint fast ein Frevel zu sein: Man kann dabei schnell als ‚Sonderling‘ oder ‚überkritisch‘ eingestuft werden. Dennoch – wer sich die Mühe macht, nur einigen dieser ‚Beweise‘ gründlicher in den primären Quellen nachzugehen, der kommt zumindest ins Grübeln. Leichtfertig öffentlich äußern wird er seine Zweifel zwar noch lange nicht, denn wer will schon ausgelacht, ja sogar beschimpft werden, weil er sich nicht vorbehaltlos einer gängigen, von vielen Fachwissenschaftlern vertretenen Auffassung anschließt?

Die Sichtweise, dass mit dem ‚Merkur der Germanen‘ der germanische Gott Wodan gemeint ist, gilt also bei vielen innerhalb und außerhalb der wissenschaftlichen Kreise als unumstrittene Tatsache.

Zudem …
Während der Forschungszeit an diesem Komplex wurden viele Teile mit unterschiedlichen Fachkundigen und belesenen Interessenten diskutiert. Einige konnten die Auffassung, der ‚germanische Merkur‘ sei Wodan, nicht aufgeben, und suchten, nachdem sie die Schwächen der mittelalterlichen Quellen einsehen mussten, nach weiteren Argumenten, die sich zwar nicht oder kaum durch Fundstellen belegen ließen, die sie dann aber doch für ihre Meinung als beweisend ansahen. Zu diesen Argumenten gehören:
- Wodan und Merkur seien beide Magiergötter.
- Wodan soll in der „Wilden Jagd“ Seelen der Verstorbenen führen.
- Wodan und Merkur wurden Menschenopfer gebracht.

Diese Argumente sind zur Unterstützung der Auffassung, mit Merkur habe Tacitus Wodan gemeint, von geringem Wert, wurden aber zur Vervollständigung der Argumentation doch berücksichtigt.

Der Zweck des hier veröffentlichten Beitrages soll es nun sein, die Stichhaltigkeit der gängigen Ansicht so gut wie möglich zu überprüfen, den primären Quellen auf den Grund zu gehen, die Kraft der Be- und Hinweise kritisch zu gewichten und daraus einige erste Schlussfolgerungen zu ziehen.

Der Inhalt dieses Buches richtet sich an erster Stelle an ein interessiertes, nicht akademisch geschultes Publikum, deshalb wurde auf überflüssige Fachausdrücke, den Lesefluss störende Quellenangaben im Text und Fußnoten verzichtet; der kritisch interessierte Leser kann mit Hilfe der Liste benutzter Literatur am Ende selbst in die Quellen eintauchen.

Relief des römischen Gottes Merkur auf der Mauer einer Unterführung des Stadtrings in der niederländischen Stadt Amersfoort

Der römische Merkur (MERCURIUS)

Merkur war etwa seit dem 5. Jhd. v. d. Z. der römische Gott des Handels, des Gewerbes, des Reichtums und des Gewinns. Sein Name hängt sprachlich zusammen mit dem lateinischen MERX (d. h. Ware). Auch den Dieben war er heilig. Merkur war schon Teil des römischen Pantheons, bevor die Römer zur Geldwährung kamen, daher war er vor deren Einführung der Gott des Tauschhandels. Durch die weitgehende Gleichsetzung mit dem griechischen Gott Hermes übernahm Merkur auch dessen Aufgaben und Zuständigkeiten; er wurde zum Götterboten und Führer der Seelen in die Unterwelt und brachte diejenigen, die sich verirrt hatten, auf den richtigen Weg zurück. Zufall und glückliche Funde unterstanden ihm, ebenso wie auch List und Tücke. Den Götterboten- und Handels-Aspekt hatte er dabei auch vom etruskischen Gott TURMS übernommen. Seine Attribute waren der Heroldsstab (CADUCEUS) und ein Geldbeutel (MARSUPIUM). Der Gott wird oft mit einem Reisehut abgebildet.

Zu Cäsars Zeit bekam Merkur eine Rolle als Verständiger und Übersetzer, wenn es sich um Götter anderer Völker handelte, die für die Römer nicht eindeutig zu klassifizieren waren bzw. zu mysteriös erschienen.

In späterer Zeit wurde ihm zusätzlich ein quasi-militärischer Aspekt zugeordnet: Waffenstillstand und die Unterhandlungen mit dem Feind standen unter seinem Schutz. Dies steht im Zusammenhang damit, dass das Militär zuständig für den Schutz der Mitglieder des MERCATORUM COLLEGIUM (Der Berufsvereinigung der Händler) wurde. Den militärischen Aspekt bekam er insbesondere in den Außengebieten des Reiches, wo es regelmäßig Feindkontakte gab und mit den dort ansässigen Völkern unter- oder gehandelt wurde. Unter den Soldaten in Britannien, Gallien und Germanien genoss Merkur sogar mehr Popularität als in Rom.

Merkur erscheint Aeneas

Der germanische ‚Merkur'-
INTERPRETATIO ROMANA

Bis jetzt wurden in Deutschland, Ostfrankreich, Belgien und den Niederlanden zwischen 65 und 70 Inschriften gefunden, in denen Merkur zusammen mit einer keltischen oder germanischen Gottheit genannt wird. Auf dem Weg der INTERPRETATIO ROMANA wurden diese nicht-römischen Gottheiten dem römischen Merkur gleichgestellt.

Der lateinische Ausdruck INTERPRETATIO ROMANA kann etwas frei übersetzt werden als ‚römische Übertragung'. Gemeint damit ist die römische Sitte, fremde Gottheiten so zu deuten, dass sie eigenen Gottheiten gleichgestellt und damit in die eigene Religion eingefügt werden konnten. Oft wurden dabei nur diejenigen Teil-Aspekte der fremden Götter, die den Römern aufgefallen waren, in die Übertragung einbezogen, andere wurden ignoriert.

Bei diesem Allem gibt es eine wichtige Überlegung, deren man sich bewusst sein sollte:

Bevor eine fremde Gottheit mit einer Gottheit des eigenen Pantheons gleichgestellt bzw. zusammengelegt wurde, haben die Römer nicht zuvor eine religiöse Untersuchung durchgeführt, es wurde dafür keine wissenschaftliche Forschung betrieben, keine Studiengruppe zusammengestellt und es gab keine öffentlichen Diskussionsforen, in denen der Sachverhalt gründlich diskutiert werden konnte. Es wurde auch kein Sachverständiger, kein Gutachter und keine andere entsprechende Autorität herangezogen. Die religiöse Gleichsetzung ging daher nicht sehr tief, in vielen Fällen reichte die Meinung eines lokal stationierten römischen Offiziers oder eines angesehenen Händlers; aber es ist ebenso gut möglich, dass ein römischer Bürger, ja sogar ein romanisierter Kelte oder Germane entschied, welche heimische Gottheit mit einer römischen zusammengelegt werden sollte, wenn die Herstellung eines Votivsteins bestellt wurde. Wahrscheinlich stützte sich eine solche Entscheidung auf die Übereinstimmung irgendeines Aspekts, den man bei beiden Gottheiten zu erkennen glaubte, eines Aspekts, der in der jeweiligen Situation gerade aktuell war. Es ist sogar auch gut vorstellbar, dass in vielen Fällen eine derartige Gleichstellung nicht einmal für den Einzelfall gründlich überdacht worden war, sondern dass einfach schon bestehenden Beispielen oder auch dem Rat eines Steinmetzes gefolgt wurde.

Die Römer, die in den nördlichen Provinzen lebten, waren völlig damit zufrieden, die lokalen oder regionalen zuständigen Gottheiten zu verehren, ohne sich wirklich tiefgehend mit den Namen und der Natur dieser Gottheiten zu beschäftigen – sie hielten sich einfach an ihre gebräuchliche, praktische Handlungsweise, bei übernatürlichen Angelegenheiten auf Nummer sicher zu gehen.

In der nachfolgenden Liste sind Inschriften aus Deutschland und den Niederlanden aufgeführt. Einige genannte Götter wurden dabei nur einmal gefunden, andere mehrmals, einige sogar oft. Darüber hinaus wurden in Frankreich und England noch zusätzlich insgesamt mehrere hunderte solche Merkur-Inschriften nachgewiesen, die hier jedoch nicht weiter zu berücksichtigen sind, da sie keine wesentlichen zusätzlichen Informationen liefern.

In der Liste ist zunächst einmal sehr auffallend, dass keine einzige Inschrift dabei ist, bei der Wodan, Wodanaz oder eine Götterbezeichnung, die in diese Richtung geht, genannt wird; nur wenige Namen sind enthalten, die in viel späterer Zeit als ‚Wodan' interpretiert wurden.

Germanische und keltische Merkur-Inschriften

NAME	FUNDORT	ERLÄUTERUNG
MERCURIUS SUSURRIO	Aachen	wahrscheinlich keltisch, vielleicht keltisch-germanisch
MERCURIUS TOUTENUS?	Bingen	keltisch
MERCURIUS VASSOCALE(TI)S	Bitburg	wahrscheinlich keltisch
MERCURIUS GEBRINIUS	Bonn	keltisch oder gallo-germanisch
MERCURIUS CHANNINIUS	Rohr (D), Blankenheim (NL)	germanischer Stammesgott der Cananefaten
MERCURIUS LEUD(ISIO) or LEDUDISIANUS	Eschweiler-Lohn	Der Beiname könnte sich auf das germanische *leudi-* (Volk, Stamm) und **leudisjan* (herrschen) beziehen; die Kombination drückt also den römische Begriff REGNATOR OMNIUM aus, der allherrschende Gott.
MERCURIUS VISUCIUS	Esthal, Tholey-Wareswald	gallo-römisch
MERCURIUS CISSONIUS	Heddernheim, Rheinzabern	Ursprünglich gallisch, könnte von germanischen Nachbarstämmen adaptiert worden sein.
MERCURIUS HRANNO	Bonn-Hemmerich	germanisch, suebisch? *s. S. 17

NAME	FUNDORT	ERLÄUTERUNG
MERCURIUS ABGATIACUS?	Kleinich	gallisch oder gallo-römisch.
MERCURIUS ARVENORIX	Würzburg	keltisch-germanisch, ursprünglich möglicher- weise ein germanischer Gott, der von gallischen Nachbarn adaptiert wurde.
MERCURIUS AVERNUS	Köln, Krefeld und andere Orte	wahrscheinlich keltisch oder dem Keltischen entlehnt, Fundorte alle in Gebieten germanischer Stämme, deshalb mögli- cherweise doch ein germa- nischer Gott.
MERCURIUS CIMBRIANUS** MERCURIUS CIMBRIUS	Mainz, Heidelberg	suebisch? Mehrere ältere Quellen meinen, dies sei der Gott, den Tacitus gemeint habe.**s. S. 18
MERCURIUS ALAUNUS	Mannheim	Entweder ostgermanisch oder mediterran
MERCURIUS BIGENTIUS	Neumagen	wahrscheinlich gallo-ger- manisch
MERCURIUS LOVANTUCARIS	Tholey-Wareswald	-
MERCURIUS EXCINGIORIGI-ATIS	-	keltisch
MERCURIUS GEBRINIUS	Bonn	Ursprünglich wohl gallisch, wahrscheinlich durch Ubier übernommen und dann gallo-germanisch.

NAME	FUNDORT	ERLÄUTERUNG
MERCURIUS NUNDINATOR	Wiesbaden	Könnte gallisch, gallo-germanisch sein, auch möglich, dass nur Merkur selber gemeint ist. (Als Beschützer der Händler).
MERCURIUS MATUTINUS	Saarbrücken	römisch, möglich wäre ein Zusammenhang mit der römischen Göttin Matuta.
MERCURIUS SENO(TENSIS?)	-	Möglicherweise gallisch oder gallo-germanisch.
MERCURIUS ERIAUSIUS or FRIAVSIUS?	Ubbergen (Niederlande)	germanisch, auch dieser könnte von Tacitus oder seiner Quelle gemeint sein.

MERCURIUS AVERNUS

MERCURIUS CIMBRIANUS

Wer davon ausgeht, dass nur einer der germanischen Götter zu Recht mit Tacitus' Merkur verglichen werden kann oder sollte, der hat nun ein großes Problem. Denn wer von diesen zahlreichen hier genannten Göttern ist denn nun der ‚echte' germanische Merkur? Das lässt sich nicht (mehr) feststellen – wenn es überhaupt auf einen der hier Gelisteten zutrifft. Keiner der Namen hat jedenfalls etymologisch eine Beziehung zu Wodan. Viel mehr als Raten kann man also an dieser Stelle nicht. Dies gilt umso mehr, als nicht klar ist, auf welchen Stamm oder welche Stämme Tacitus (und dessen Quelle) sich bei seinen Ausführungen bezog. Während der militärischen Auseinandersetzungen und Handelskontakte mit den unterschiedlichen germanischen Völkern mögen die Römer dabei auch mit der Verehrung unterschiedlicher germanischer Götter in Berührung gekommen sein. Jeder Stamm wird seine eigene Gottheit gehabt haben, die in solchen Situationen angerufen wurde bzw. für sie zuständig war. Da in den genannten Umständen Merkur für die Römer der ausgewiesene Gott war, und sie regelmäßig Vergleiche zu ihren eigenen Göttern zogen, liegt es auf der Hand zu vermuten, dass sie alle diese germanischen Götter gerade hier dem Merkur gleichgesetzt haben. Die germanischen Gottheiten müssen dabei nicht einmal alle die gleiche Zuständigkeit gehabt haben; wir wissen nicht, weshalb die germanischen (Unter-)Händler sich bei entsprechenden Kontakten mit den Römern genau auf eben diese ihrer Götter berufen haben.

Jedenfalls ist es sehr wohl möglich, dass alle diese ‚fremden‘ Gottheiten aus Sicht der Römer zu Recht einen ‚Merkur-Stempel‘ bekamen.

Bei Unterhandlungen und anfangs wohl auch bei Handelskontakten wurde sicher eine Friedenspflicht vereinbart; für die Römer war hier Merkur der ausgewiesene Schutzgott. Die Frage bleibt, ob die Götter, die von den Germanen herangezogen wurden, auch Handel bzw. Unterhandlung als Einflussbereich hatten, oder eher die Einhaltung der (befristeten) Friedensvereinbarung, das (vorübergehende) Ruhen der Waffen.

Mit Krieg, Frieden oder Handel muss nicht einmal immer ein Zusammenhang bestehen, denn in Belgien, bei Tongern, wurde eine kleine ‚Merkur‘-Statue gefunden, auf der dieser drei Phalli besitzt – das kann durchaus auf einen Fruchtbarkeitsaspekt einer Gottheit hindeuten. Auf welchen lokalen oder regionalen Gott sich diese Darstellung wohl bezogen haben mag? Auf einen aus obiger Liste? Jedenfalls wohl weder auf den keltischen (Handwerker-)Gott Lugh (Lugus), noch auf Wodan.

* Einige Quellen (Wagner 1988, Rives 1999) vermuten, dass mit HRANNO Wodan gemeint sein könnte, denn das Wort hatte im späteren Altnordischen die Bedeutung ‚Polterer‘ und auch ‚rabiate, rüde Person‘ und das wird als alternativer Name für Odin gesehen. Die altnordische Sprache hatte sich aber erst ab dem 8. Jahrhundert durchgesetzt;

im Ostfränkischen des 5. Jahrhundert bedeutete *hranno* ‚Schweinetor‘. Es gibt hier also unterschiedliche sprachliche Entwicklungen. Was mit dem Wort im Germanischen zur Römerzeit bezeichnet wurde, ist unbekannt.

** Die Sueben hatten übrigens einen Anführer, der einen der Götternamen aus dieser Liste trug, nämlich Cimberius/ Cimbrius; Julius Caesar vermeldet (DE BELLO GALLICO, I,37):

HAEC EODEM TEMPORE CAESARI MANDATA REFEREBANTUR ET LEGATI AB HAEDUIS ET A TREVERIS VENIEBANT: HAEDUI QUESTUM QUOD HARUDES, QUI NUPER IN GALLIAM TRANSPORTATI ESSENT, FINES EORUM POPULARENTUR: SESE NE OBSIDIBUS QUIDEM DATIS PACEM ARIOVISTI REDIMERE POTUISSE; TREVERI AUTEM, PAGOS CENTUM SUEBORUM AD RIPAS RHENI CONSEDISSE, QUI RHEMUM TRANSIRE CONARENTUR; HIS PRAEESSE NASUAM ET **CIMBERIUM** FRATRES. QUIBUS REBUS CAESAR VEHEMENTER COMMOTUS MATURANDUM SIBI EXISTIMAVIT, NE, SI NOVA MANUS SUEBORUM CUM VETERIBUS COPIIS ARIOVISTI SESE CONIUNXISSET, MINUS FACILE RESISTI POSSET. ITAQUE RE FRUMENTARIA QUAM CELERRIME POTUIT COMPARATA MAGNIS ITINERIBUS AD ARIOVISTUM CONTENDIT.

Übersetzt:

Zur gleichen Zeit, als Cäsar diese Erklärungen berichtet wurden, kamen Gesandte von den Häduern und Treverern. Die Häduer, um sich zu beschweren, dass die Haruden, die erst kürzlich nach Gallien übersiedelt worden waren, ihr Gebiet verwüsteten; nicht einmal durch die Stellung von Geiseln hätten sie sich Frieden von Ariovist erkaufen können; die Treverer aber, dass die hundert Gaue der Sueben an den Rheinufern Stellung bezogen hätten und versuchten, den Rhein zu überqueren; ihre Anführer seien die Brüder Nasua und Cimberius. Dies beunruhigte Cäsar sehr. Er glaubte, eilig Maßnahmen treffen zu müssen, um sich nicht, wenn sich die neue Suebenschar mit den alten Truppen des Ariovist verbinde, die Abwehrmöglichkeiten zu erschweren. Deswegen deckte er sich möglichst schnell mit Getreide ein und zog in Eilmärschen Ariovist entgegen.

http://www.gottwein.de/Lat/caes/bg1030.php

Ob Cäsar vielleicht damit seine Kritiker daheim an die Kimbern-Gefahr zwei Generationen zuvor erinnern und das zur Rechtfertigung seiner Kampagne anführen wollte?

Der Name des Suebenanführers ist romanisiert, der germanische Name könnte Cimbrio oder Cimbriano gewesen sein. Aber auffallend ist schon, das die Sueben sowohl einen Gott als auch einen Anführer mit diesem Namen gehabt haben sollen. Gibt es eine Verbindung zwischen Kimbern und Sueben? Erinnerungen vielleicht?

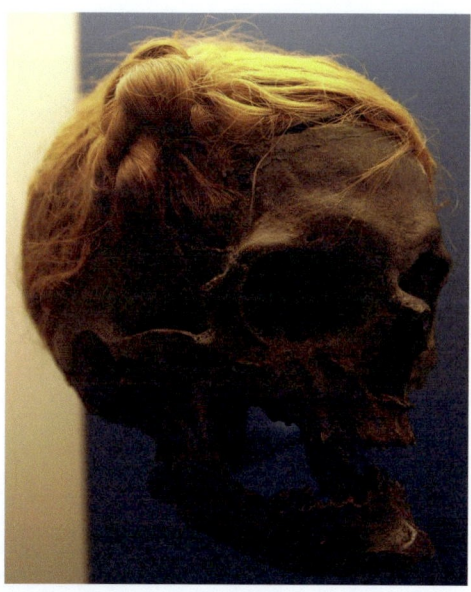

Moorleiche: Der Mann von Osterby mit Suebenknotenfrisur

Sueben: Mit dem Begriff *Sueben* oder *Sueven*, (Lateinisch: SUEBI, SUABI oder SUEVI) wird eine germanische Stammesgruppe bezeichnet, die ab der Zeit Cäsars für einige Jahrhunderte vom Norden und Nordosten der GERMANIA MAGNA (dem freien Germanien außerhalb der römischen Reichsgrenzen) bis zur Mittelgebirgslinie wohnten. Für andere germanische Stämme scheint es eine statuserhöhender Ehrenbezeichnung gewesen zu sein als ,suebisch' angesehen zu werden. Wahrscheinlich nicht ganz korrekt wird angenommen, dass die Sueben äußerlich an ihrer besonderen Haartracht zu erkennen gewesen seien, dem ,Suebenknoten'. Die Römer benannten die Ostsee nach ihnen: MARE SUEBICUM.

Und wenn wir jetzt schon einmal bei Julius Cäsar sind …

Julius Caesar

Caesar – DE BELLO GALLICO

Julius Caesar (100 v. d. Z. – 44 v. d. Z.) erwähnt in seinem Werk „DE BELLO GALLICO" sechs keltische Götter, die er mit Hilfe der INTERPRETATIO ROMANA mit entsprechenden römischen Göttern vergleicht, und berichtet, dass von diesen allen ‚Merkur' am meisten verehrt werde. Die keltischen Götternamen selbst werden aber nicht genannt.

Trotz ernsthafter Einwände vieler Keltologen wird oft der keltische Gott Lugh als dieser ‚wichtigste' Merkur angesehen. Darüber ist das letzte Wort aber noch nicht gesprochen.

Es ist auch nicht eindeutig, weshalb die Römer gerade ‚Merkur' für den wichtigsten keltischen Gott hielten. Auch darüber wurde und wird noch immer innerhalb von Fachkreisen diskutiert – die Unterhandlungssituationen und die Handelskontakte mögen da, wie schon erwähnt, eine wichtige Rolle gespielt haben. Direkt nach der Eroberung eines neuen Gebiets kamen die römischen Händler und versuchten Produkte der Einheimischen zu ertauschen und – nach Romanisierung mit Einführung einer Geldwährung – zu kaufen und eigene zu verkaufen. Sehr viel mehr als Kontakte dieser Art werden die Römer in den meisten Fällen mit keltischen und germanischen Völkern nicht gehabt haben. Entsprechend mögen sie dabei auch den für diese Kontakte zuständigen keltischen oder germanischen Göttern am häufigsten begegnet sein und diese demnach für ‚die wichtigsten' gehalten haben.

Cäsar hat diese Sicht auf die keltischen Götter in seinem Werk wahrscheinlich nicht erfunden. Eher hat er Übereinstimmungen gesehen oder sehen wollen mit thrakischen Führern, über die Herodot einige Jahrhunderte zuvor geschrieben hatte. Diese Prinzen sollen Hermes verehrt und ihn sogar als ihren Stammvater gesehen haben. Letzteres hat Cäsar aber nicht übernommen, da er wohl genug von den Kelten gehört hatte, um zu wissen, dass bei ihnen eine derartige göttliche Abstammung nicht bestand.

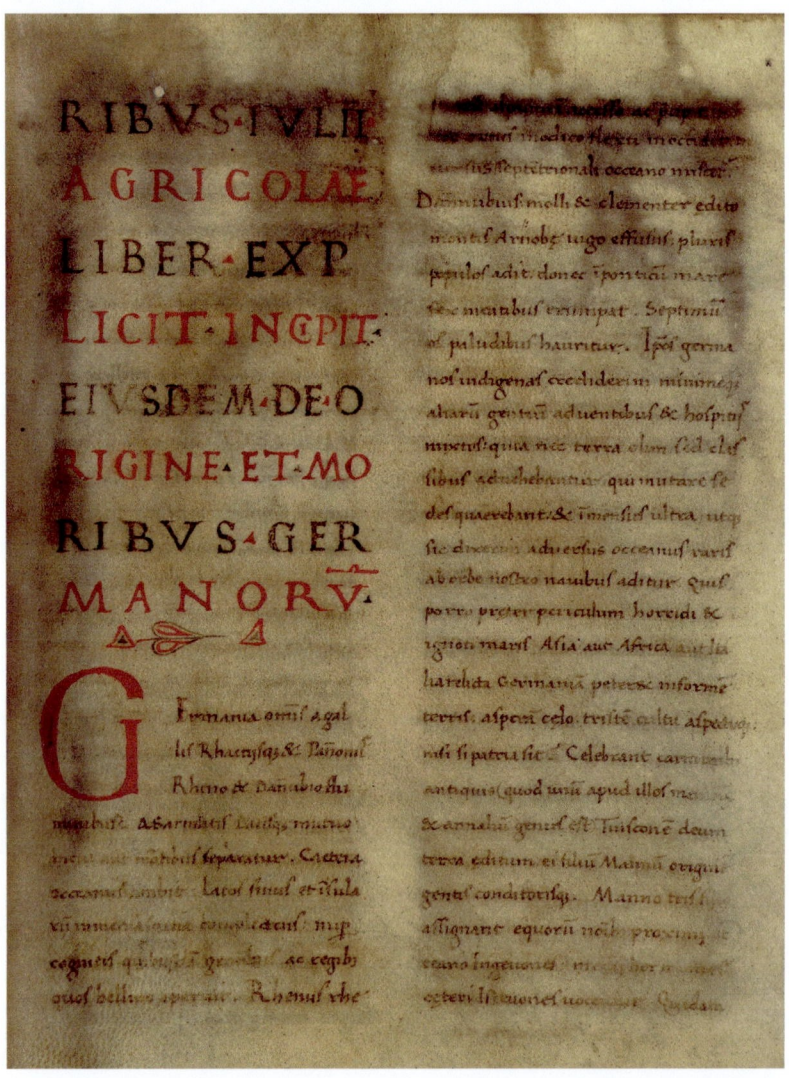

Seite des CODEX AESINAS, der auch Tacitus' Germania umfasst.

Tacitus – DEORUM MAXIME MERCURIUM COLUNT

Die „Germania", genannt nach dem ersten Wort des Werkes, heißt möglicherweise „DE SITU ET MORIBUS GERMANORUM". Die Schrift wurde erst im 15. Jahrhundert wiedergefunden und Tacitus zugeschrieben, obwohl das nicht ganz gesichert ist. Wahrscheinlich wurde das Schriftstück im Jahre 98 d. Z. verfasst.

In den nachfolgenden Jahrhunderten haben dann viele Menschen Vieles über den Text geschrieben. Noch viel mehr haben sich ihre Meinung über die historischen Germanen durch die Germania bilden lassen, und noch immer ist sie gelegentlich Objekt einzelner Studien. Über die Religion der ‚Germanen' hat das Werk auch so einiges an ‚Tatsachen' zu vermelden. So liest man etwa über den am meisten verehrten Gott der Germanen in der Germania, 9:

DEORUM MAXIME MERCURIUM COLUNT, CUI CERTIS DIEBUS HUMANIS QUOQUE HOSTIIS LITARE FAS HABENT.

Übersetzt:

Von den Göttern verehren sie Merkur am meisten, dem sie an bestimmten Tagen auch Menschenopfer darzubringen für Recht halten.

Vergleichen wir das einmal mit dem, was Julius Cäsar in DE BELLO GALLICO, 17 über die Kelten schreibt:

DEORUM MAXIME MERCURIUM COLUNT. HUIUS SUNT PLURIMA SIMULACRA, HUNC OMNIUM

INVENTOREM ARTIUM FERUNT, HUNC VIARUM ATQUE ITINERUM DUCEM, HUNC AD QUAESTUS PECUNIAE MERCATURASQUE HABERE VIM MAXI-MAM ARBITRANTUR.

Übersetzt:

Von den Göttern verehren sie Merkur am meisten. Von ihm besitzen sie besonders viele Götterbilder, ihn halten sie für den Erfinder aller Künste, für den Führer auf allen Straßen und Wegen, und von ihm glauben sie, er habe den größten Einfluss auf den Erwerb von Geld und auf den Handel.

Hieraus ergeben sich nun verschiedene offene Fragen, auf die es keine befriedigenden Antworten gibt:

- Weshalb wird von Tacitus (und Cäsar) der Reise-, Verhandlungs- und Handelsaspekt so akzentuiert, dass Germanen und Kelten anscheinend dafür ihren ‚wichtigsten Gott' hätten?
- Stützte Tacitus sich hier, vielleicht sogar ausschließlich, auf das, was Cäsar 147 Jahre zuvor über die Gallier geschrieben hatte? Es fällt zumindest auf, dass der erste Satz von beiden Abschnitten exakt der Gleiche ist.
- Wurden hier vielleicht einfach Cäsars Bemerkungen über die Kelten durch Tacitus auf die Germanen übertragen? Standen möglicherweise keltische Götter und Cäsars Sicht auf diese Modell für Tacitus?

Tacitus gibt selbst an, dass er Cäsars Werke als Quelle benutzt habe, heutige Forscher gehen davon aus, dass er zusätzlich Werke von Livius (59 v.d.Z. bis 17) und Plinius dem Älteren (23 – 79) verwendet hat.

Aus verschiedenen Gründen wird innerhalb mehrerer Bereiche der antiken Geschichtsforschung Tacitus nicht mehr als verlässliche Quelle für objektive Informationen über die historischen Germanen angesehen. Die wichtigsten Argumente sind dabei die Folgenden:

→ Tacitus wollte durch die Germania wahrscheinlich seinen Landsleuten einen ‚Sittenspiegel‘ vorhalten und hat deshalb die Unterschiede zwischen germanischer und römischer Gesellschaft so sehr stilisiert, dass deren Beschreibung entweder den Tatsachen nicht, nicht mehr oder nicht ganz entsprach. Diese Auffassung war einige Zeit aus der Literatur verschwunden, inzwischen haben neuere Autoren sie jedoch aus guten Gründen wieder aufgenommen.

→ Tacitus hat nachweislich ältere Schriften benutzt, die schon zu seiner Zeit nicht mehr aktuell waren, die Umstände hatten sich inzwischen erheblich geändert.

→ Tacitus wollte dem germanischen Feindbild der Römer entgegentreten, damit der Kaiser nach Rom zurückkehrte, um sich dort wichtigeren Aufgaben als dem Kampf gegen diese zu widmen. Er bringt dazu die ‚fremden‘ Germanen in ein vertrautes ‚römisches‘ Umfeld:

  – Auch das germanische Heer sei, wie das römische, eingeteilt in Hundertschaften
  – Die Germanen verehrten römische Gottheiten
  – Auch die Germanen kennten den Unterschied zwischen privaten Besitztümern und solchen, die dem ganzen Volk gehörten (RES PRIVATAE, RES PUBLICAE).

→ Tacitus folgte seiner ganz persönlichen Wahrnehmung von Informationen, die wir nicht kennen und die nicht die unsrige ist.

Die Informationen aus der Germania sind also mit Vorsicht zu genießen; es gibt darin sowohl Angaben, die nachweislich korrekt sind, als auch solche, die nicht stimmen. Der Unterschied ist aber nicht einfach zu erkennen.

Merkur

Psychopomp – Begleiter der Seelen Verstorbener

Jan de Vries sagt in seiner „Altgermanischen Religionsgeschichte", dass eine Eins-zu-Eins-Übertragung von keltischen und germanischen Göttern auf vermeintliche römische Äquivalente in den meisten Fällen zumindest sehr fragwürdig ist.

Es werden bestimmte Zuständigkeiten eines nichtrömischen Gottes in Übereinstimmung mit denen eines römischen gebracht, der partiell dieselben Zuständigkeiten hat. Die darüber hinausgehenden Zuständigkeiten beider Götter bleiben unberücksichtigt.

Das geschah auch mit dem römischen Gott Merkur, der zuallererst der Gott der Händler und der Diebe war (für viele Römer waren kleine Händler Diebe), dann auch ein Bote der Götter. Die Psychopomp-Funktion des griechischen Hermes (Hermes geleitete die Seelen der Verstorbenen ins Jenseits), die später auch Merkur zugeschrieben wurde, wird bei der Interpretation als Argument benutzt, der ‚germanische Merkur' sei Wodan, da auch dieser die gleiche Funktion habe.

(In der römischen Kaiserzeit wurde in gleicher Weise eine ‚Kombination' des römischen und des griechischen Pantheons geschaffen; diese beruhte hauptsächlich auf dem Wunsch der Patrizier, die als höherstehend eingeschätzte griechische Kultur zu übernehmen. Es handelt sich also um eine intellektuelle, keine religiöse Adaption.)

Die Seelenbegleiterrolle wurde also bereits in der Antike auf Merkur übertragen, allerdings nur im literarischen Bereich und das auch nur sehr selten, im Volksglauben aber gar nicht. Wenn in der antiken Literatur das Volk angesprochen wird, dann wird daher diese Funktion als Psychopomp auch gar nicht genannt. Das zeigt sich z. B. im Prolog des „Amphitryon", einer Komödie des Titus Maccius Plautus, wo er Merkur so sprechen lässt:

MERCURIUS
VT VOS IN VOSTRIS VOLTIS MERCIMONIIS
EMUNDIS VENDUNDISQUE ME LAETUM LUCRIS
ADFICERE ATQUE ADIUVARE IN REBUS OMNIBUS
ET UT RES RATIONESQUE VOSTRORUM OMNIUM
BENE <ME> EXPEDIRE VOLTIS PEREGRIQUE
ET DOMI BONOQUE ATQUE AMPLO AUCTARE
PERPETUO LUCRO QUASQUE INCEPISTIS RES
QUASQUE INCEPTABITIS, ET UTI BONIS VOS
VOSTROSQUE OMNIS NUNTIIS ME ADFICERE
VOLTIS, EA ADFERAM, EA UTI NUNTIEM QUAE
MAXIME IN REM VOSTRAM COMMUNEM SIENT
NAM VOS QUIDEM ID IAM SCITIS CONCESSUM
ET DATUM MI ESSE AB DIS ALIIS, NUNTIIS PRA-
ESIM ET LUCRO —: HAEC UT ME VOLTIS ADPRO-
BARE ADNITIER, [LUCRUM UT PERENNE VOBIS
SEMPER SUPPETAT] ITA HUIC FACIETIS FABULAE
SILENTIUM ITAQUE AEQUI ET IUSTI HIC ERITIS
OMNES ARBITRI.

Merkur:
So, wie ihr wollt, dass ich bei eurem Handel mich,
Beim Einkauf und Verkauf durch reichlichen Gewinn
Euch gnädig zeige und in allem hilfreich sei,
Und wie ihr wollt, dass euer Vermögen immerfort
Und Rechnungswesen im Außenhandel wie daheim

Durch tüchtigen Gewinn von mir gesegnet sei,
Was ihr begonnen habt und erst beginnen wollt,
Und wie ihr wollt, dass euch und auch den Eurigen
Ich stets mit guter Botschaft diene, immer nur
Das meld' und bringe, was ihr selbst am meisten wünscht,
(Ihr wisst ja doch, dass von den andren Göttern mir
Das zugestanden und verliehen worden ist,
Dem Botenwesen und Geschäften vorzustehn):
So, wie ihr also wollt, dass ich dabei mich euch
Geneigt und gnädig zeige, [dass es an Gewinn
Euch niemals mangle], ebenso nun bitt' ich euch:
Hört schweigend dieses Schauspiel an und bewähret
euch gerecht und billig in dem Urteil allzumal.

http://www.zeno.org/nid/20005487277

Dieses Beispiel zeigt, dass Merkur als Seelenbegleiter im römischen Volksglauben keine Rolle spielte. Das wird bestätigt durch die überlieferten römischen Bestattungsriten, in denen er in dieser Rolle ebenfalls nicht vorkommt, ebenso wenig wie in den speziellen Riten des Militärs, und das weder im Herzen des römischen Reiches noch in den nördlichen Provinzen.

Über das ‚Jenseits' gab es bei den Römern mehrere Sichtweisen:
- In der Unterwelt herrscht ORKUS oder JUPITER-STYGIUS mit seiner Gattin LIBITINA oder LUBIA. Ihre Priester, die LIBITI-NARII, waren die Totenführer.
- Nach einer anderen Auffassung war DIS PATER (= der reiche Vater) der römische Gott der Unterwelt. Möglicherweise ist das Jupiter, der auch DIĒSPITER hieß (Himmelsvater). In Rom wurde sein Staatskult 249 v. d. Z. eingerichtet.

29

Einen göttlichen Seelenbegleiter brauchte man weiter nicht, denn in beiden Sichtweisen gab es keine ‚Reise' ins Jenseitsreich; Diesseits und Jenseits grenzten direkt aneinander, beim Ableben überquerte man die Grenze und war schon dort.

Verbreitet wurde die Merkur-Verehrung in den römischen Provinzen hauptsächlich durch das Militär, durch römische Händler und durch Unterhändler, die direkt hinter bzw. mit den Eroberungsheeren in die Gebiete kamen, die dem Reich hinzugefügt wurden. Haben die keltischen und germanischen Götter, die dem Merkur gleichgestellt wurden, vielleicht durch eben solche Kontakte diese Stellung bekommen? Vielleicht, indem die zuständigen Götter beider Seiten angerufen wurden, um einen Handel zu besiegeln oder einen Pakt zu schließen?

Die Eigenschaften und Zuständigkeiten, die von den Römern gemeinhin Merkur zugeschrieben wurden, stimmen jedenfalls nicht wirklich gut nachvollziehbar mit denen des germanischen Gottes Wodan überein.

In der Mythologie der Wikinger sind die Walküren diejenigen, die die Seelen der im Kampf Verstorbenen nach Asgard geleiten, zum Saal Walhall im Palast Odins (Wodans) oder zum Palast der Göttin Freyja. Diese Walküren mögen zwar Wodan (Odin) unterstehen, der Gott selbst begleitet die Seelen aber nicht, wie es Merkur literarisch zugeschrieben wird. Ob Wodan das getan hat, bevor die Walküren sich von Totengeistern (öfters spricht man von Leichendämonen) zu ansehnlichen Seelenbegleiterinnen entwickelt hatten, ist nicht bekannt und gehört ins Reich des Ratens – vermutet wird, dass die Walküren zuerst die auf dem Schlachtfeld Gefallenen einfach zu einem Totengott hinführten. Um welcher Gott es sich dabei handelte, ist unbekannt. Valhöll soll zuerst der Name für das mit Toten bedeckte Schlachtfeld gewesen sein. Wann dann die Verbindung mit Odins Festhalle hergestellt wurde, ist nicht festzustellen.

Weil das Psychopomp-Argument für eine Merkur–Wodan Gleichstellung nicht greift, kann es verworfen werden.

Walküre auf einem Pferd

Die „Wilde Jagd"

Die „Wilde Jagd" – Psychopomp II

Die Sagen über die „Wilde Jagd" sind zwar sehr unterschiedlich, haben aber alle als Basisvorstellung eine imaginäre(?) Gruppe Jäger, ausgerüstet zum Waidwerk, auf Pferden und von Hunden begleitet, die in einer Verfolgungsjagd durch die Luft reiten, manchmal auch auf der Erde oder ganz nah oberhalb des Bodens.

Alle weiteren Einzelheiten werden sehr unterschiedlich dargestellt. Die Sagen wurden wahrscheinlich lange nach der Zeit der Germanen aufgeschrieben. Ob sie auch wirklich aus dieser Zeit sind, ist schon Thema vieler Spekulationen gewesen, befriedigende Antwort darauf hat es noch nicht gegeben.

Man könnte hier noch argumentieren, dass Wodan in seiner Funktion als Anführer der „Wilden Jagd" Begleiter der Toten sei. Die „Wilde Jagd" wird aber sehr selten als Begleitung der Seelen Verstorbener ins Jenseits dargestellt. In den meisten Quellen, hauptsächlich alten Volkssagen, führt Wodan eine Gruppe ‚übernatürlicher' Wesen an, die durch die Lüfte jagen. Die Auffassung, dass dies verstorbene Menschen seien, kommt eigentlich kaum vor und wenn, dann nur bei neueren Autoren, meistens auch noch in fiktiver historischer Literatur. Die wenigen deutschen Volkssagen, in denen bei der „Wilden Jagd" von ‚Seelen' die Rede ist, scheinen alle hochmittelalterlicher Herkunft zu sein, entstanden im christlichen Volksglauben – ein mir bekannter Theologe sprach von „ungetauften Seelen, die verdammt seien". Auf germanische Zeit ginge das nicht zurück, meinte er.

Außerdem kann es sich dann nicht um eine Begleitung verstorbener Seelen ins Jenseits handeln, denn meistens wird die „Wilde Jagd" als eine Jagdgesellschaft dargestellt, zusammengestellt aus

Bewohnern von Asgard(?) – ein anderer Name für diese Jagdgesellschaft ist *aaskereia* und bedeutet „asgardischer Zug" oder „Asenfahrt". So mögen zu dieser Gesellschaft Seelen von menschlichen Kriegern gehören, die schon in Wallhall wohnen. Aber das alles ist kaum mehr als Raten, es gibt über diese Jagdgesellschaft sehr unterschiedliche Theorien, die leider alle kaum hinreichende Beweise als Fundament haben.

Nicht zuletzt findet nach den Sagen die „Wilde Jagd" nur an bestimmten Tagen statt, bei diesen gibt es keinen Zusammenhang mit kriegerischen Handlungen und es wird sicherlich nicht nur an diesen wenigen Tagen gestorben. Eine Gleichsetzung von Wodan mit Merkur über die „Wilde Jagd" kann somit nicht akzeptiert werden, dafür fehlen einfach genügend stichhaltige Hinweise historischer und mythologischer Art.

Es mag jetzt deutlich geworden sein, dass eine Eins-zu-Eins-Übertragung des Psychopomp-Aspektes des Gottes Merkur auf einen (möglichen?) frühen Wodan keine standfeste Untermauerung besitzt und als Argument für eine Gleichstellung Merkur-Wodan nicht überzeugt, ja sogar abgelehnt werden muss. Die Funktionen Merkurs und Wodans sind dafür einfach zu unterschiedlich.

Menschenopfer

Der schon zuvor erwähnte Satz von Tacitus

"Von den Göttern verehren sie Merkur am meisten, dem sie an bestimmten Tagen auch Menschenopfer darzubringen für Recht halten.",

deutet darauf hin, dass, wenn wir Tacitus hier folgen, die Germanen ihrem ,germanischen Merkur' Menschenopfer brachten. Weil in anderen Quellen dargestellt wird, dass auch Odin solche Opfer bekam, ist eine Verbindung schnell hergestellt. Zu schnell! Denn allein wenn nur diese beiden Götter solche Opfer bekommen hätten, wäre das ein sicheres Indiz für eine solche Schlussfolgerung. Dem ist aber nicht so. Menschenopfer waren bei den Kelten und Germanen nicht unüblich und nicht auf einen Gott beschränkt. Zudem sollte hier bemerkt werden, dass sich Tacitus mit der Bemerkung über Menschenopfer zwar wahrscheinlich auf Cäsar stützte, aber generell schon von solchen Praktiken bei den Germanen gehört haben kann.

Beispiele für Menschenopfer bei den Germanen

1. Im Jahre 104 v. d. Z. schlugen die Kimbern und Teutonen bei Arausio das römische Heer verheerend. Livius schreibt darüber:

    "80.000 Römer und Bundesgenossen wurden getötet, 40.000 Trossknechte und Marketender dazu."
    Livius, Periochae, Buch 87.

    Alle Beute einschließlich der Gefangenen wurde den Göttern geopfert.

2. Tacitus beschrieb, auf was der römische Feldherr Germanicus stieß, als er Jahre später das Schlachtfeld fand, wo Varus und seine Legionen besiegt worden waren:

    "Mitten auf dem Feld lagen bleichende Knochen, bald zerstreut, bald haufenweise, je nachdem die Soldaten geflohen waren oder Widerstand geleistet hatten. Daneben fanden sich zerbrochene Waffen und Pferdegerippe, auch vorn an den Bäumen befestigte Menschenschädel. In den benachbarten Hainen standen die Altäre der Barbaren, an denen sie die Tribunen und Centurionen ersten Ranges geschlachtet hatten."

    Tacitus, Annalen, Buch I, 14 und 15 CE

Also hatten die Cherusker und ihre Verbündeten wichtige leitende römische Offiziere ihren Göttern geopfert.

3. Die Hermunduren hatten vor den Kampf mit den Chatten (49 d. Z.) Mars und Merkur die Feinde geweiht und opferten nach dem Sieg dann auch die Gefangenen. Nach einer Sage:

„Der Chatten und Hermunduren Streit um den heiligen Salzfluss

Wo das Gebiet der Hermunduren an das der Chatten grenzte, floss die Saale, ein beiden Völkern heiliger Fluss, dessen Wasser, über glühende Baumschichten gegossen, ihnen das Salz lieferte. Die Salzquellen waren den Germanen insgesamt heilig, denn sie glaubten, dass die Götter dort nahe wohnten und an solcher Stätte die Gebete der Sterblichen eher erhörten als anderswo. Chatten und Hermunduren kamen über den Besitz dieses Salzflusses in Streit; vor der Schlacht weihten die Chatten auf den Fall des Sieges das feindliche Heer, Männer und Rosse ihren Göttern Mars und Merkur. Aber der Kampf fiel unglücklich für sie aus, und die Hermunduren vollzogen an ihnen selbst, was sie gelobt hatten, indem sie die gefangenen Chatten ihren Göttern opferten."

Karl Lyncker, Deutsche Sagen und Sitten in hessischen Gauen, 1854

Der ‚heilige Salzfluss' Werra

4. Als der gotische Heerführer Radagais im 5. Jahrhundert mit seinen germanischen Kämpfern in Italien einfiel, gelobte er, die christlichen Feinde seinen Göttern zu opfern. Hier ist bei den Menschenopfern also sogar die Rede von mehreren Göttern, denen sie gebühren.

Wo von Siegen germanischer Stämme die Rede ist, da werden in der Regel auch Menschenopfer erwähnt, die auf die Siege folgten. Welchen Göttern dabei nun genau geopfert wurde, ist nicht festzustellen. Anzunehmen ist, dass es die Götter waren, die zuvor um ihre Unterstützung bei der Schlacht oder dem Feldzug gebeten worden waren, das können dann je nach Volksstamm unterschiedliche Götter sowie auch Göttinnen gewesen sein.

5. Auch in Kirchendokumenten werden Menschenopfer erwähnt, der Prediger Liudger hat solche noch erlebt. Die Arbeit der Missionare umfasste auch den Kampf gegen diese Opferpraxis.
   Bis ins 9. Jahrhundert sollen die heidnisch gebliebenen Sachsen und Friesen Menschenopfer gebracht haben, oft zu Ehren der wichtigsten Kriegsgötter. Da die Sachsen sehr wahrscheinlich Wodan kannten, wäre es gut möglich, dass ihm Menschen geopfert wurden, wahrscheinlich aber nicht ausschließlich nur ihm, denn sie hatten auch noch andere Kriegsgötter.

Dass Menschenopfer bei den Germanen nicht unüblich waren, bezeugen zudem entsprechende Leichenfunde aus historischer Zeit, die auf eine solche Opferpraxis hinweisen.

Tacitus' Bemerkung, dem Merkur würden auch Menschen geopfert, kann daher viele germanische Götter betreffen – im Prinzip alle aus der Inschriftenübersicht – und kann daher nicht als Hinweis auf Wodan verstanden werden.

Dieses Argument darf deshalb als wertlos betrachtet werden.

Opferplatz der Semnonen

Beschädigte Statue des MERCURIUS FRIAUSIO

Schutzgott der Magie und Magier

Vom ägyptischen Gott Thot wurde Vieles auf den griechischen Hermes übertragen; Thot war in erster Linie Schutzgott der Schreiber und der Wissenschaften, zudem wurde ihm diese Funktion auch in Bezug auf Magie zugeschrieben. Man könnte meinen, der römische Gott Merkur könnte durch die Gleichsetzung mit Hermes dann auch zuständig für Magie gewesen sein, und gerade durch diese Zuständigkeit sehen einige eine Parallele zu Wodan. Aber sowohl in antiken als auch in modernen Literaturquellen kommt Merkur als Schutzgott der Magie kaum vor und in der antiken Merkurverehrung ist sie gar nicht zu finden. Die modernen Quellen, die sich (auch jedes Mal nur sehr kurz) mit dem Thema befassen, greifen dabei stets und sofort auf den griechischen Hermes zurück und schreiben Merkur nur über diesen Weg diese Funktion zu, nicht aufgrund einer speziell römischen religiösen Zuschreibung, denn dafür gibt es keine Hinweise.

Bei den Römern hatten im religiösen Leben praktisch alle Götter mit Magie zu tun – man hat z. B. viele römische Amulette gefunden, die unterschiedlichen Gottheiten geweiht waren, und denen alle eine magische Wirkung zugeschrieben wurde. Merkur-Amulette z. B. sollten eine sichere Reise bescheren. Explizit einen obersten Magiergott kannten die Römer nicht. Implizit mag man diese Funktion wohl dem Jupiter zurechnen als dem höchste Gott des römischen Pantheons.

Zudem ist gänzlich ungesichert, wann Wodan seine Funktion als Magiergott bekam; die Quellen geben darüber keine Auskunft. Es ist aber erkennbar, dass er diese Funktion nicht von Anfang an inne hatte, sondern erst im Laufe der Zeit erwarb. Nach den

Mythen sollen ihm sowohl die Erkenntnisse, die ihm zuteil wurden, als er am Baum hing, als auch die Hilfe der Göttin Freyja diese Zuständigkeit vermittelt haben. Wodan als Magiergott kennen wir aus der Wikingerzeit, wie weit diese Auffassung zurückgeht, bleibt jedoch im Dunkeln. Über die Zeit vor dem 8. Jahrhundert können wir nur spekulieren, und das dann ohne irgendwelche Indizien.

Wir wissen nicht einmal, wann Wodan seine Position als oberster Gott bekam, wann er seinen Vorgänger ablöste. Ob der Wodan aus Vorwikinger-Zeiten vielleicht ‚nur' der Sturmgott war, der durch die Luft ‚wütete'? Etymologisch mag etwas daran sein. Da Wodan aber bei den Angelsachsen schon ab etwa Mitte des 5. Jahrhunderts als wichtiger Gott angenommen wird, muss die Inthronisierung wahrscheinlich doch schon vor dieser Zeit stattgefunden haben – oder das ‚Sturm'-Attribut war für die seefahrenden Völker wichtig genug, diesem Gott eine herausragende Stellung zuzuteilen.

Eine Gleichstellung Wodan-Merkur auf Grund der Sichtweise, dass beide Schutzgötter der Magie seien, ist daher kein stichhaltiges Argument; Hinweise kommen, soweit es Merkur betrifft, nur im literarischen Bereich sporadisch vor und bezieht sich immer allein auf Hermes. Wenn Tacitus über Merkur als Gott spricht, den die Germanen am meisten verehren, dann spricht er über eine religiöse Praxis, deren Ausdruck die Inschriften auf den genannten Votivsteinen sind. Somit sollte unsere Aufmerksamkeit auch an erster Stelle dieser Praxis der Merkurverehrung gelten, und weniger den seltenen literarischen Hinweisen.

Nur nebenbei: Wenn aus moderner Sicht römische und germanische Götter verglichen werden, dann gäbe es für einen Vergleich

von Wodan mit Jupiter mehr Anhaltspunkte als für einen von
Wodan mit Merkur.

Der Gott-Magier Wodan und Brunhild

Odin

Christlich-mitteralterliche Quellen – Kirchenlatein

Es ist und bleibt rätselhaft, weshalb die Gelehrten bis ins 19. und frühe 20. Jahrhundert Tacitus' Bemerkung über den von den Germanen „am meisten verehrten Gott Merkur" überhaupt auf Wodan bezogen. Viel scheinen die beiden Gottheiten nicht gemein zu haben. Waren es vielleicht nur Wodans Hut und Speer, die man vom nordischen Odin kannte, und der Hut und Stab Merkurs, die hierzu den Grund lieferten? Also nur einige Äußerlichkeiten? Oder wurde vielleicht die Funktion als Begleiter der Toten in die Unterwelt überbewertet? Aber auch das war, wie vorhin erläutert wurde, nicht direkt eine Funktion des skandinavischen Odin; der hatte dafür seine ‚walkürischen' Mitarbeiterinnen.

Bei den meist in Latein geschriebenen Quellen des Mittelalters, in denen das Thema Wodan vorkommt, wird oft der Irrtum begangen, diese mit Hilfe klassisch-lateinischer Kenntnisse oder Wörterbücher interpretieren zu wollen. Dadurch entstehen Fehlübersetzungen, denn das klassische Latein weicht in mehreren Bereichen vom Mittelalterlatein ab, das auch Mittellatein oder Kirchenlatein genannt wird.:

Latein des Mittelalters
Latein gehört zu den indogermanischen Sprachen und hat in der Antike verschiedene Entwicklungsstufen durchgemacht, erreichte kurz vor der Zeitwende seinen literarischen Höhepunkt und blieb seitdem grammatikalisch weitgehend gleich. Die Umgangssprache, das sog. Vulgärlatein entfernte sich aber immer mehr vom

Schriftlichen. Aus dieser Umgangssprache entwickelten sich im frühen Mittelalter die romanischen Sprachen. Im gesamten Mittelalter war Latein eine lebendige Sprache, gebildete Menschen sprachen auch Latein. Als ‚Mittellatein' weicht es in mehreren Hinsichten ab vom klassischen Latein; viele Wörter bekamen erweiterte oder neue Bedeutungen, einige grammatikalische Regeln wurden vereinfacht und es entstanden auch neue Worte. Wer klassisches Latein gelernt hat, wird daher Mühe haben, Texte auf Mittellatein (Kirchenlatein) zu übersetzen.

Wie zuvor schon angegeben, gibt es mehrere, fast ausschließlich mittelalterliche Quellen, auf die sich die Merkur-Wodan Verbindung stützt, und diese werden auch heute noch von vielen als ‚Beweis' für die Richtigkeit dieser Meinung angeführt. Dabei wird in den meisten Fällen in neueren Werken offensichtlich von älteren abgeschrieben.

So klar und eindeutig sind diese Beweise aber gar nicht, das wird sich zeigen, wenn sie hier nachfolgend genauer unter der Lupe genommen werden. Da mag manches Fragezeichen gesetzt werden, das zuvor nicht nötig schien.

Adam von Bremen –

WODAN ID EST FUROR

Adam von Bremen

Adam (1050 – ca. 1085) war ein Bremer Kleriker und Theologe, Mönch im dortigen Kloster.

Es gehörte zum Aufgabengebiet des Hamburg-Bremer Erzbistums, die nordischen Völker (also die Völker nördlich des Bistums) zu christianisieren. Adams Denken und seine Arbeit waren entsprechend diesem Ziel gewidmet. Wenn er in seinem berühmten vierbändigen Werk „Geschichte der Hamburgischen Kirche" (GESTA HAMMABURGENSIS ECCLESIAE PONTIFICUM) den sehr oft zitierten Satz „WODAN ID EST FUROR" schreibt, dann schreibt er dies im Zusammenhang mit einer Darstellung heidnischer Praktiken in Schweden:

Der Originaltext:

CAPITULUM 26

NUNC DE SUPERSTICIONE SUEONUM PAUCA DICEMUS. NOBILISSIMUM ILLA GENS TEMPLUM HABET, QUOD UBSOLA DICITUR, NON LONGE POSITUM AB SICTONA CIVITATE. IN HOC TEMPLO, QUOD TOTUM EX AURO PARATUM EST, STATUAS TRIUM DEORUM VENERATUR POPULUS, ITA UT POTENTISSIMUS EORUM THOR IN MEDIO SOLIUM HABEAT TRICLINIO; HINC ET INDE LOCUM POSSIDENT WODAN ET FRICCO. QUORUM SIGNIFICATIONES EIUSMODI SUNT: 'THOR', INQUIUNT, 'PRAESIDET IN AERE, QUI TONITRUS ET FULMINA, VENTOS YMBRESQUE, SERENA ET FRUGES GUBERNAT. ALTER **WODAN, ID EST FUROR**, BELLA GERIT, HOMINIQUE MINISTRAT VIRTUTEM CONTRA INIMICOS. TERTIUS EST FRICCO, PACEM VOLUPTATEMQUE LARGIENS MORTALIBUS'. CUIUS ETIAM SIMULACRUM FINGUNT CUM INGENTI PRIAPO. WODANEM VERO SCULPUNT ARMATUM, SICUT NOSTRI MARTEM SOLENT; THOR AUTEM CUM SCEPTRO IOVEM SIMULARE VIDETUR. COLUNT ET DEOS EX HOMINIBUS FACTOS, QUOS PRO INGENTIBUS FACTIS IMMORTALITATE DONANT.

Übersetzt:

„Nun werden wir Einiges über den Aberglauben der Schweden berichten. Dieses Volk besitzt einen besonders angesehenen Tempel, der Ubsola (Uppsala) genannt wird, nicht weit vom Ort Sigtuna (und von Birka) entfernt. In diesem ganz aus Gold gefertigten Tempel verehrt das Volk die Statuen dreier Götter, und zwar so, dass als mächtigster von ihnen in der Mitte der Dreisitzanlage Thor seinen hohen Thron hat. Den Platz rechts und links von ihm nehmen Wodan und Frikko [Freyr] ein. Man gibt ihnen folgende Deutung: „Thor", so heißt es, „herrscht in der Luft; er gebietet Donner und Blitzen, Wind und Regen, Sonnenschein und Frucht. Der zweite, **Wodan, das ist die Wut,** führt Kriege und verleiht dem Menschen die Kraft gegen seine Feinde. Frikko, der dritte, schenkt den Sterblichen Frieden und Lust". Daher versehen sie sein Bild auch mit einem ungeheuren männlichen Glied. Wodan dagegen stellen sie bewaffnet dar, wie die unsrigen Mars. Thor endlich gleicht durch sein Zepter offensichtlich dem Jupiter. Außerdem verehren sie zu Göttern erhobene Menschen, die sie für große Taten mit der Unsterblichkeit beschenken."

Übers. B. Beyß

Adam spricht hier also über einen nordischen Gott Wodan – und meint damit keineswegs eine germanische Gottheit weit südlich von Skandinavien. Soweit bekannt, war Adam von Bremen selbst nie in Schweden, tatsächlich gelangte er nie weiter in den Norden als Roskilde anlässlich eines Besuches am Hofe des Königs von Dänemark. Er hat seine diesbezüglichen Angaben also nicht aus eigenen Beobachtungen machen können. Hingegen konnte er anscheinend über einen so großen Reichtum an Quellen verfügen, dass er meinte, sein Werk mit dem Wort „GESTA" als ein Werk über Tatsachen präsentieren zu können. (GESTA = Taten, Geschichte im objektiven Sinne, also Fakten).

Im vorliegenden Fall ist es möglich, dass Adam seine Informationen vom dänischen König Sven Estridsson bekam, denn dieser hatte, bevor er König wurde, einige Zeit im schwedischen Uppsala verbracht. Dann stellt sich aber die Frage nach der Schreibweise der Götternamen. Eigentlich darf ja angenommen werden, dass Adam die Namen entweder so aufgeschrieben hat, wie er sie am dänischen Hofe hörte, oder aber so, wie er sie aus seiner eigenen Umgebung im Nordwesten Deutschlands kannte.

- Im ersten Fall stellt sich die Frage, in welcher Sprache man sich am dänischen Hofe unterhalten hat – man sollte doch annehmen, dass es eine der Varianten des Altnordischen war – dann aber muss Adam dieser Sprache mächtig gewesen sein. Oder aber man hat sich in der Sprache des Gastes unterhalten oder in diesem Übergangsgebiet kannte man eine ‚Mischsprache‘. Da kann man nur raten, aber für die nachfolgende Schlussfolgerung ist das irrelevant.
- Im zweiten Fall würde das auf einen Gott Wodan (oder vielleicht Wodin?) in sächsischem Gebiet hindeuten.

In beiden Fällen benennte „Wodan" jedenfalls keinen Gott aus den weiter südlich gelegenen Ländern. Vielmehr war dies entweder die direkte sächsische Bezeichnung für den norwegischen und schwedischen Odin, oder aber es gab einen sächsischen Gott, der für Adam ‚Modell‘ stand, weil er mit dem nördlichen Odin als identisch angesehen wurde.

Die (Alt-)Sachsen kannten vermutlich einen Gott mit dem Namen Wodan. Das könnte also zu einer Erklärung beitragen, weshalb dieser Name während der Römerzeit im Süden sehr wahrscheinlich nicht bekannt war, denn dieses Volk wohnte weit jenseits der Nordgrenze des römischen Reiches. Gehörten vielleicht auch die frühen Alamannen noch zu den Wodan-Verehrern? Auf jeden Fall waren sie damals direkte Nachbarn der Sachsen.

Aber auch das wäre kein Hinweis auf einen germanischen Gott Wodan(az) zur Zeit Tacitus innerhalb der Einflusssphäre der Römer.

Alles wird noch ein wenig verwirrender, weil Adam von Bremen in seinem Werk, ohne es zu wissen, auch Teile der Germania des Tacitus benutzte:

In der Einleitung zum Buch „TRANSLATIO S. ALEXANDRI" (ca. 865) des Mönchs Meginhard zitiert sein Lehrer Rudolph von Fulda beachtliche Teile aus Tacitus' Germania, ohne aber zu erwähnen, dass es sich hierbei nicht um seinen eigenen Text handelt. Rudolph benutzt diese Zitate, um die heidnische Zeit der Sachsen zu schildern.

Deshalb konnte Adam in seinem Werk auch nicht Tacitus Namen nennen, als er seinerseits wiederum große Teile der TRANSLATIO S. ALEXANDRI mitsamt der Passagen aus der tacitäischen Germania abschrieb, um ebenso über die heidnischen Sachsen zu schreiben. Man kann sich zurecht fragen, wie stark diese jahrhundertealte tacitäische Information Adams Sicht der Dinge beeinflusste.

Noch unsicherer erscheinen die ‚Tatsachen' des Adam von Bremen im Licht neuerer Forschung, spätestens seit Henrik Janson im Jahr 1988 seine Dissertation „TEMPLUM NOBILISSIMUM" veröffentlichte, in der er Adam von Bremens Uppsala-Geschichte in großen Teilen in Zweifel zieht. Janson, und inzwischen auch andere, sehen Adams Beschreibung als politischen Schachzug, denn in Uppsala gab es zu seiner Zeit schon länger eine christliche Kirche. Sie war aber fränkisch und wurde von den Norddeutschen als Konkurrenz, ja sogar als feindlich betrachtet. Diese Kirche als heidnischen Tempel zu beschreiben, soll der Stimmungsmache gedient haben und Adam habe dabei Informationen über einen derartigen Tempel an ganz anderer Stelle in Europa benutzt.

Sogar die Stelle, wo damals „Ubsola" in Schweden lag, ist diskutabel geworden; ist Ubsola vielleicht gar nicht das heutige Uppsala?

„TEMPLUM NOBILISSIMUM" wurde bis jetzt nicht in andere Sprachen übersetzt und ist deshalb außerhalb Schwedens kaum bekannt. Innerhalb schwedischer Fachkreise hat Jansons Dissertation allerdings Aufsehen erregt und zu einigen Diskussionen geführt. Es heißt dort, sie sei sehr interessant, würde nicht umgehend bzw. weitgehend abgelehnt, es seien aber weitere Forschungen erforderlich. Das bezieht sich aber eher auf die Lage von Ubsola/Uppsala, nicht auf die damals dort befindliche fränkische Kirche, deren Existenz gilt als bewiesen.

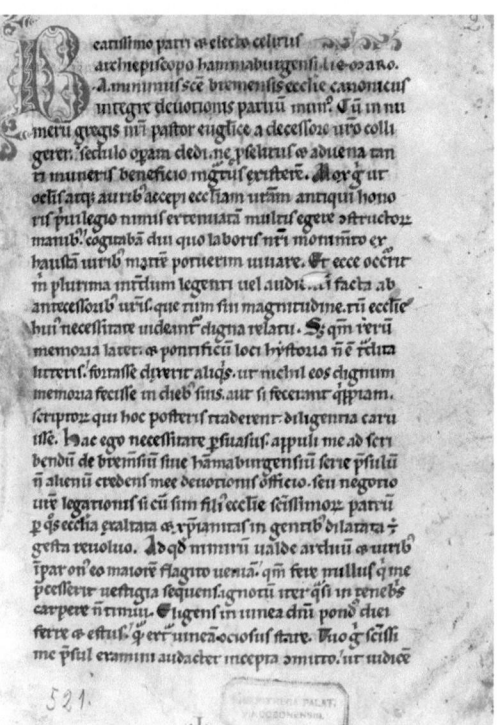

Seite aus der GESTA HAMMABURGENSIS ECCLESIAE PONTIFICUM

Mittwoch – *Wuotanes dac*

Der germanische Name des Mittwochs wird meist als Hauptargument angeführt für die Existenz eines germanischen Gottes Wodan im gesamten Gebiet, der vor der Völkerwanderung von Germanen besiedelt war. Dass es im Mittelalter in verschiedenen Gebieten Europas einen *Wuotanes dac* (oder Vergleichbares in anderer Sprache) gab, wird nicht bezweifelt. Aber im mittel- und süddeutschen Bereich gibt es keine eindeutigen Indizien für den generellen Gebrauch eines solchen dem Wodan geweihten Wochentagsnamens – eigentlich gibt es hierfür auf dem europäischen Festland nur im Nordwesten Deutschlands und in den Niederlanden brauchbare Hinweise. Aus den Gebieten weiter südlich kennen wir aus dem 10./11. Jahrhundert das *mittawocha* (*mittawohha*), und es wird vermutet, dass diese Bezeichnung dort auch schon viel früher in Gebrauch war, weil vor dem althochdeutschen *wohha* das noch ältere *wehha* als alte Benamung für „Woche" benutzt wurde, für den Mittwoch das *mittawehha*.

Zwischen dem 3. und 5. Jahrhundert, also noch während der römischen Herrschaft, übernahmen die germanischen Stämme zuerst südlich des Limes und kurze Zeit später während der Christianisierung auch in nördlicheren Gegenden bis etwa Mitteldeutschland die siebentägige Woche der Römer, in der Mittwoch die Wochenmitte war.

Das alte *mittawecha* hat ein (ecclesiastisches) lateinisches Äquivalent in MEDIA HEBDOMAS. Es gibt mehrere Hinweise, dass die südlichen Germanen den Mittwoch nach der Römerzeit womöglich gar nicht als DIES MERCURII (oder einer germanischen Entsprechung zu Wodan) kannten, sondern nur als MEDIA HEBDOMAS (Mitte der Woche). Dies ist ein frühmittelalterlicher, vielleicht kirchenlateinischer Tagesname, der der Vorläufer des *mittawecha* war und dem sich daraus entwickelnden „Mittwoch". Aus der Sicht der ‚neuen' Religion und ihrer Kirche was das sicher wünschenswert, denn auch in Namen von Wochentagen sollte die ‚Konkurrenz', also eine heidnische Gottheit, nicht weiterleben. Wenn während der Römerzeit kein Tag nach Wodan benannt worden war, dann hat die Kirche sicherlich ihr Möglichstes dazu beigetragen, dass dieser nicht in der Folgezeit eingeführt wurde.

Joachim Grzega untersuchte dies und schreibt dazu (übersetzt):

> "Das System der Wochentage und ihrer lateinisch-griechischen Namen wurden von den Germanen im dritten bis fünften Jahrhundert übernommen, südlich der Limesgrenze [...] und in niederrheinischen Regionen und wurde später weiter nach Norden gebracht bis zu den skandinavischen Gebieten. [...] Die zwei Wege der Übernahme werden besonders wiedergespiegelt in zwei Namen: der Samstag in den nördlichen Formen geht zurück auf lateinisch SATURNĪ DIES, die südlichen Formen gehen zurück auf griechische Beispiele; Mittwoch in den nördlichen Formen entspringt dem germanischen *Wodanesdag*, die südlichen Formen haben ihren Ursprung in dem kirchlateinischen MEDIA HEBDOMAS oder dem jeweiligen griechischen Äquivalent."

Und Grzega zitiert:

> „Bei der Übernahme der antiken Wochentage wurde der Tag des Jupiter oder in der germanischen Übertragung der Tag des Wotan [...] weithin vermieden zugunsten der ursprünglich jüdisch-christlichen Bezeichnung ‚Mitte der Woche', so ml. MEDIA HEBDOMAS nach griechi-

schem Vorbild, und später die deutschen Formen."

Also: Kein ,Wodanstag' in der südlichen Hälfte Deutschlands, bzw. kein althochdeutsches *wuotanes tac* oder Ähnliches für dieses Gebiet! Ein derartiger althochdeutscher, dem Wodan gewidmeter Tag soll dort erst nach 1200 konstruiert worden sein und seitdem nur in entsprechender Literatur einen Platz bekommen haben.

In Nordwesten Deutschlands, nördlich von Köln bis zur Nordsee und in den Niederlanden kommt der dem Wodan geweihten Tag allerdings nachweislich vor, im Niederdeutschen soll bis im vorherigen Jahrhundert manchmal ,Wunsdag' benutzt worden sein, und weiter westlich auch in England; die altenglische Form des Wodan in diesem Tagesnamen ist die älteste schriftlich bezeugte Form, sie wird dort sogar schon ab dem 6. Jahrhundert vermutet, das kann aber weiter nicht belegt werden. Hier eine Übersicht speziell auf Wodan bezogen:

Sprache	Wochentagsname	ab Jhd.
Altenglisch	*wōdnesdæǧ, wódnesdæg*	8.
Altfriesisch	*wēnsdei, wēmsdei*	12.
Altnordisch	*Óðinsdagr , *Wōdansdaga(?)*	8.
Altniederdeutsch (Altsächsisch)	*Wódansdach*	9.
Mittelniederdeutsch	*Wōdensdach*	13.
Mittelniederländisch	*Woensdach*	13.
Althochdeutsch	*Wuotanes dac* (im Norden, nicht im Süden)	9.

Der Mittwoch wurde im Mittelalter in Italien ,offiziell' Mercoledi (auch: mercordi) genannt, also nach Merkur, aber Mundarten hatten da, insbesondere in Nord-Italien, doch die Oberhand, wie *mezzedima*, *mezziamma*, *mezziomas* und *mezzedomas* zeigen, Namen, die alle „Mitte der Woche" bedeuten. Auch im Churwälschen heisst *mazeamda* Mittwoch. Dort hat man also auch schon früh den Merkur im Wochentag aufgegeben. Der Gebrauch eines Wochenmitte-Namens scheint seit dem Ende der römischen Herrschaft zu gelten für Norditalien, die Alpenländer und den südlichen Teil Deutschlands – eine klare Nordgrenze ist nicht feststellbar, er bleibt jedenfalls südlich des Harz.

Im Übrigen kennt man auch in Island die Mitte-der-Woche-Bedeutung, denn dort heißt der Mittwoch jetzt *miðvikudagur*.

Bei dieser ‚Mittwoch-Übersicht' soll bedacht werden, dass zwischen den ältesten schriftlichen Quellen und Tacitus' Zeit etwa 600 Jahre liegen. Wie die Namen sich in diesen dazwischen liegenden Jahrhunderten entwickelten, ist unbekannt – wir können daher nur vermuten, dass es im Norden schon früher als angegeben einen „Wodanstag" gab.

Es gibt noch eine andere Theorie bezüglich des Mitte-der-Woche-Namens, die besagt, er sei im Süden Deutschlands und südlicher schon in spätrömischer Zeit von den christianisierten (arianischen) Goten eingeführt worden, übernommen von griechischen Missionaren. Unterstützung hierfür sollen mehrere (griechisch-)gotischen Worte in bayrischen Lokaldialekten sein, die von den Bajuwaren überliefert sind. Auch einige Symbolik christlich-arianischer Herkunft soll dies untermauern. Eindeutig sind die Indizien für diese Theorie aber nicht.

Eines der Beispiele aus dem angelsächsischen Bereich, in dem auch die Kirche die Bezeichnung Wodanstag für Mittwoch benutzt, ist eine (schriftliche) Aussage von Wulfstan II, Bischof von London und Worcester und Erzbischof von York, die ungefähr vom Ende des 10. bzw. Anfang des 11. Jahrhunderts stammt. Er schrieb in einer Aschermittwochpredigt über das, was getan werden sollte mit denen, die ‚Todsünden' begangen hätten. In diesen Text steht etwa in der Mitte:

Leofan men, on Wodnesdæg, Þe byð caput ieiunii, bisceopas ascadað on manegum stowan ut of cyrican for heora agenan Þearfe Þa ðe healice on openlican synnan hy sylfe forgyltan.

Übersetzt:
"Verehrte Menschen, am Mittwoch, dem Anfang der Fastenzeit, schließen Bischöfe vielerorts diejenigen zu ihrem eigenen Besten von der Kirche aus, die in hohen Maß schuldig sind an öffentlichen Sünden."

Beim altfriesischen *wēmsdei* aus obiger Liste (es könnte auch *wērnsdei*, *wērnisdei* oder *wērendei* sein), gibt es auch Stimmen, die meinen, damit sei nicht Wodan gemeint, sondern der friesische Gott *Wêda*. Nach der ‚INTERPRETATIO GERMANIA' wird von manchen dann wieder dieser Wêda dem Wodan gleichgestellt. Daran, dass der friesische Name auf Wodan hinweisen soll, gibt es weitere Zweifel; er könnte auch auf den Stammesnamen *Wernas* oder *Wærnas* deuten, ferner wird auch ein Zusammenhang vermutet mit dem altfriesischen Verb *wera*, das „verteidigen" oder „kämpfen gegen" bedeutet. Wie dem auch sei, in der Geschichte der alten Friesen wird kein Gott mit dem Namen Wodan (o. ä.) genannt. Ob dieser unter einem friesischen Namen verehrt wurde, ist nicht bekannt, es ist allenfalls möglich.

In der Vergangenheit wurde darüber hinaus angenommen, dass der *guotentag* und *gûtemtag*, der in Katechismen aus dem

16. Jahrhundert in der Schweiz verzeichnet ist, auf Wodan (*guodan*) hinweise, aber seit einigen Jahrzehnten gilt diese Ansicht als widerlegt; das *guote* soll vielmehr „gute" bedeuten und ist wahrscheinlich ein anderer Name für den Aschermittwoch. Es gibt dafür auch eine etymologische Herleitung, diese ist zwar in einigen Stellen noch unbefriedigend, bessere Vorschläge gibt es aber nicht.

Da somit bis heute kein stichhaltiger Beweis dafür aufgetaucht ist, dass in den südlicheren Gebieten Deutschlands der Mittwoch jemals Wodanstag hieß (oder eine alte Form davon trug), kann ein Wodan-Wochentag als Beweis für einen germanischen Wodankult in den römischen Provinzen und deren nördlichen Einflussbereichen abgelehnt werden.

Der Missionar Ansgar von Bremen predigt in Schweden, 9. Jhd.

Der angelsächsische Neunkräuter-segen – *ða genam Wōden*

Wodan-Statue vor dem Rathaus in der Stadt Thale, Harz.

Bei diesem dreiteiligen Spruch handelt es sich um eine altenglische Dichtung aus dem 10. oder 11. Jahrhundert, in der die Zubereitung und Wirkung von neun Heilkräutern erläutert wird. Er ist

Teil des Lagnunga-Manuskripts, das mehrere heidnische Heilme-
thoden beschreibt. Im zweiten Teil des Spruchs lesen wir:

Wyrm com snican, toslāt he man,
ða genam Wōden VIIII wuldortānas,
slōhða þa næddran, þæt heo on VIIII tofleah.

Übersetzt:

Ein Drache kam geschlichen und zerriss einen Mann,
da nahm Woden neun Ruhmeszweige,
schlug damit die Schlange, dass sie in neun (Teile) aus-
einanderflog...

Man kann sich hier die Frage stellen, woher man damals den
Namen Woden kannte. Dafür werden einige Möglichkeiten diskutiert: Zwei davon sind äußerst unwahrscheinlich, werden hier
auch nur aufgeführt, weil sie an einigen Stellen im Internet vorkommen und hier abgewiesen werden können:

1. **Wikingerkontakte** Über den Anfang der Wikingerzeit
   besteht zwar Uneinigkeit, aus dem Blickwinkel der seefahrenden Kämpfer fängt sie aber 793 an mit dem Überfall auf
   Lindisfarne, ein Kloster auf einer Insel vor der britischen
   Küste von Northumberland. Ab dieser Zeit gibt es unre-
   gelmäßig Kontakte zwischen den Skandinaviern und der
   Bevölkerung Englands. Es kann deshalb in Betracht gezogen
   werden, dass es diese skandinavische Einflüsse waren, die den
   Namen dorthin brachten. Dann müsste man davon ausgehen,
   dass zu der Zeit das ältere „Woden" noch nicht oder nicht
   gänzlich vom altnordischen „Odin" ersetzt worden war. Das
   ist aber nicht wahrscheinlich. Außerdem kommt im Codex
   Exoniensis (dem Exeter-Buch) aus dem 10. Jahrhundert

in den Maxims-Gedichten der Name Woden vor; in dieser vermutlich vom Ende des 8. oder Anfang des 9. Jahrhundert stammenden altenglischen Poesie wird Woden mit Jahwe verglichen: :

Woden worhte weos,

wuldor alwalda, / rume roderas

Translated:

Woden gab Wahnideen,

Der Allmächtige ewiges Heil, / die weiten Himmel.

Also muß der Name Woden dort schon vor dem Lindisfarne-Überfall bekannt gewesen sein.

Das ganze Gedicht lautet:

ANGELSÄCHSISCH	ENGLISCH
ʒolδ ʒeꝺꞃeþ·	Gold is fitting
on ʒuman ſpeoꞃδe·	on *a* man's sword;
ſelliċ ſiʒe-ſceoꝺꝥ·	seemly *a* martial vest,
ſinc on cƿene·	jewels on *a* queen,
ʒoδ ſcop ʒumum·	*a* good poet for men,
ʒaꝺ miþ-ꝺeꝺum·	*a* weapon for enemies,
ƿiʒ to-ꝺiþꝺe·	war for *an* adversary,
ƿic ſꝺeoþa healδan·	*a* house to hold peace.
ſcÿlδ ſceal cempan·	*A* shield shall *be* for *the* soldier,
ſceaꝼꝺ ꝺeaꝼeꝺe·	*a* shaft for *the* robber;
ſceal bꞃÿδe beaʒ·	*a* ring shall *be* for *the* bride,
bec leoꞃꝺeꝺe·	books for *the* learner,
huſl halʒum men·	housel for *the* holy man,
hæþnum ſÿnne·	for *the* heathens sins.
<u>ƿoδen</u> ƿoꞃhꝺe ƿeoſ·	<u>Woden</u> wrought idols,
ƿulδoꞃ-alꝺalδa·	*the* Glorious Almighty
ꞃume ꞃoδeꞃaſ·	*the* spacious heavens,

Übersetzung Benjamin Thorpe

61

Auch außerhalb der Poesie taucht der Name „Woden" in älteren Schriften auf, deshalb ist es sehr unwahrscheinlich bis absurd zu denken, dass er erst über die Wikingerzüge nach Britannien kam. Diese Möglichkeit kann also abgelehnt werden.

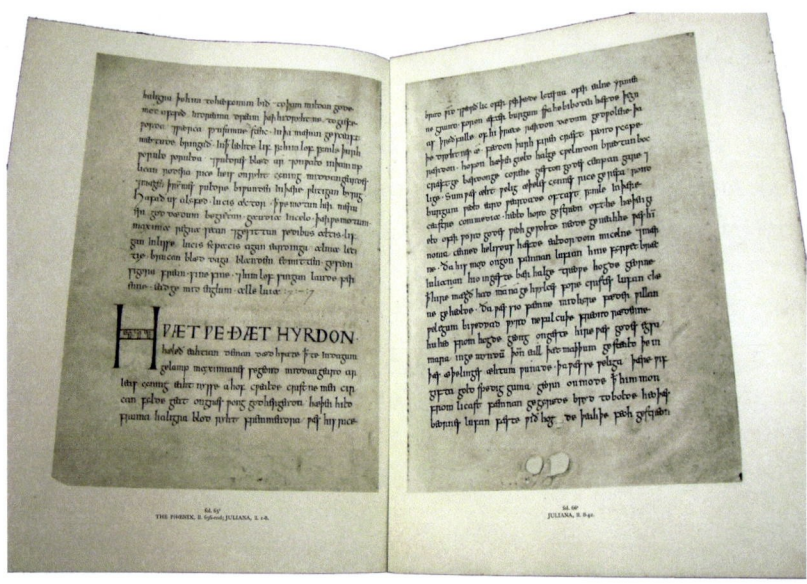

Exeter-Buch

2. Erste kriegerische **Invasionen von Gruppen altsächsischer Krieger** wurden in der zweiten Hälfte des 3. Jahrhunderts nachgewiesen. Zu dieser Zeit waren die Römer noch in Britannien. Es sind dabei Szenarien vorstellbar, in denen die Bewohner dieser Gebiete den Namen Wodan zuerst als Gott der Feinde kennenlernten. In diesem Zusammenhang werden auch englische Ortsnamen genannt, in denen der Name Woden vorkommen soll, z. B.: *Woddesgeat* (Grafschaft Wiltshire), *Wodnesbeorg* (Grafschaft Wiltshire), *Wodnes-*

dene (Grafschaft Wiltshire), *Wensley* (Grafschaft Derby-shire), *Wodnesfeld* (Grafschaft Essex) und *Woodnesborough* (Grafschaft Kent). Dortige Heimatforscher behaupten, diese Namen gingen auf eine Zeit zwischen dem 3. und 5. Jahrhundert zurück. Diese Möglichkeit ist ebenfalls nicht sehr wahrscheinlich, es gibt keine wirklichen Beweise. Sie wird auch nur von wenigen britischen Heimatforschern unterstützt und kann ebenso verworfen werden.

3. Ab den 5. Jahrhundert nimmt auf den britischen Inseln die Zahl der Übersiedlungen von Germanen aus Norddeutschland und Süddänemark zu. Sie kamen zuerst als Söldner mit der Aufgabe, die Zivilbevölkerung, bestehend aus Kelten und Römern, gegen aus dem Norden einfallende Pikten und Scoten schützen. Um 450 soll der Hauptstrom dieser Migration angekommen sein. Bei Konflikten zwischen den germanischen Einwanderern und der römisch-keltischen Bevölkerung besetzten die Immigranten große Gebiete, aus denen die frühere Bevölkerung teilweise verdrängt wurde. Die Kultur und Religion der germanischen Völkern wurde hierdurch auf den britischen Inseln konsolidiert. Diese dritte Möglichkeit wird als die wahrscheinlichste für den Einzug Wodans (Wodens) auf den britischen Inseln angesehen.

Sächsische Flagge mit dem weißen Drachen

Es kann deshalb als wahrscheinlich angenommen werden, das es seit dem 5. Jahrhundert in Britannien einen Wodankult gab. Das ist aber keinesfalls einen Hinweis auf eine ähnliche Verehrung im südlichen Teil Deutschlands während der römische Herrschaft und der nachfolgende Zeit bis zur Christianisierung.

Schon bald nachdem die Angelsachsen sich niedergelassen und einige Königreiche gegründet hatten, tauchte der Name Woden in den Stammbäumen der englischen Königsfamilien auf:

> ᚠin ꜰolcƿalꝺing—Of Fin,
> son of Folcwalda,
> the prince of the Fri-
> sians, see Beow., xvi.
> xvii., where his war with
> Hengest, his death, &c.,
> form one of the most
> interesting portions of
> the poem.   In the A. S.
> genealogies, a Fin appears
> as the great-grandfather
> of Woden.

Zweiter Merseburger Zauberspruch
– *Phol ende Uuodan*

Sowohl der sogenannte erste wie auch der zweite Merseburger Zauberspruch entlehnen ihre Namen von ihrem Fundort; sie wurden 1848 in der Bibliothek des Domkapitels im Städtchen Merseburg (Thüringen) gefunden. Die Sprüche wurden, wie inzwischen generell angenommen wird, im 9. oder 10. Jahrhundert aufgeschrieben, wahrscheinlich im Kloster von Fulda.

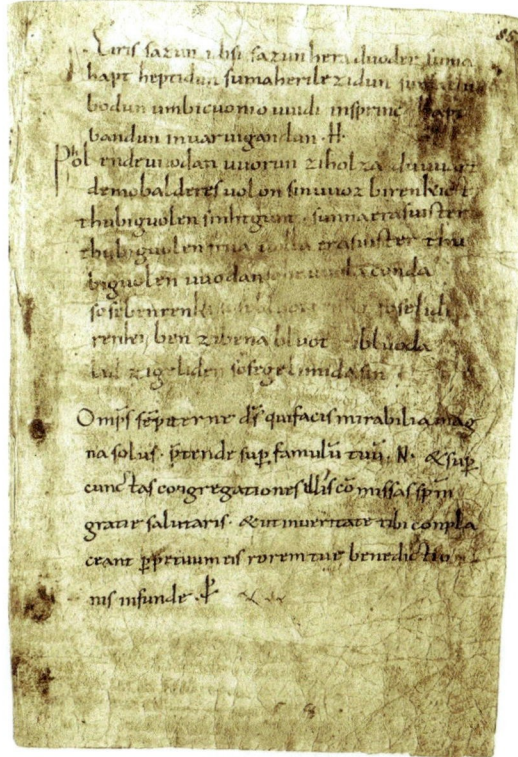

Merseburger Zaubersprüche

Der zweite dieser Sprüche lautet:

Phol ende Uuodan	**vuoron zi holza**
dû uuart demo Balders volon	**sîn vuoz birenkit.**
thû biguol en Sinthgunt,	**Sunna era suister;**
thû biguol en Frîia,	**Volla era suister;**
thû biguol en Uuodan,	**sô hê uuola conda:**
sôse bênrenkî,	**sôse bluotrenkî,**

sôse lidirenkî:

bên zi bêna,	**bluot zi bluoda,**
lid zi geliden,	**sôse gelîmida sîn!**

Übersetzt:

Fol und Wodan	fuhren zu Holze;
da ward Balders Fohlen	sein Fuß verrenkt.
Da besang ihn Sinthgunt	und Sunna, ihre Schwester,
da besang ihn Frija	und Folla, ihre Schwester,
da besang ihn Wotan,	wie er es wohl konnte:
Sei es Beinverrenkung,	sei es Blutverrenkung,

sei es Gliedverrenkung:

Bein zu Bein,	Blut zu Blut,
Glied zu Gliedern,	dass sie gelenkig sind.

Übersetzung nach Felix Genzmer.

Die Übersetzung „Wodan" in diesem Spruch ist eine heutige Schreibweise des älteren *Wuodan*, *Wuotan* und *Uuodan*.

Wie die Sprüche zum Fuldaer Kloster gelangt sind, ist nicht bekannt. Im 10. Jahrhundert war das Kloster aber eins der wichtigsten wissenschaftlichen Zentren des damaligen Reiches, seine Mönche reisten weit umher, anderseits war es auch das Ziel vieler

Pilger. Es wurden also dort viele Informationen zusammengetragen, auch von weit her.

Ebenso wenig ist bekannt, ob die Sprüche im ursprünglichen Idiom blieben, wie sie zum Kloster gelangt waren, oder ob sie von dem entsprechenden Schreibermönch übersetzt in seine eigene Sprache aufgeschrieben wurden, möglicherweise der dortigen Umgangssprache, wahrscheinlich einen Vorform des Althochdeutschen. Es ist jedenfalls gut vorstellbar, dass der Spruch zunächst mündlich weitergegeben wurde.

Ebenfalls ist unbekannt, aus welcher Gegend dieser Spruch ursprünglich stammt. Spätestens hier sollte die Spekulation kein Staunen verursachen, dass er vielleicht aus nördlicheren Gegenden stammt – und daher möglicherweise aus dem Sächsischen kommt. Dafür müsste er dann tatsächlich in der Sprache der Fuldaer Gegend aufgeschrieben worden sein, denn Altsächsisch gehört nicht zur Gruppe der althochdeutschen Sprachen. Hinweise zur Unterstützung dieser Überlegungen gibt aber weder der Spruch noch seine Fundgeschichte.

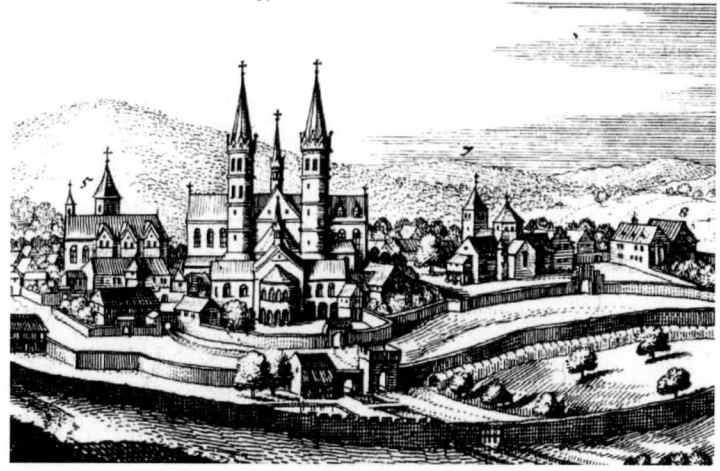

Kloster und Dom von Fulda

Es sollte jetzt aber deutlich geworden sein, dass es hier zu viele Fragezeichen gibt, um diesen Spruch als Hinweis auf einen germanischen Gott Wodan in der südlichen Hälfte Deutschlands annehmen zu können. Als Hinweis auf einen Wodan zu Römerzeit ist er gar nicht zu gebrauchen, er gibt kein einziges direktes oder indirektes Indiz ab für eine Merkur-Wodan-Gleichsetzung.

Wodan heilt Balders Pferd

Jonas von Bobbio – VODANO

NOMINE QUEM MERCURIUM

Jonas von Bobbio (Jonas Bobiensis, geboren um 600, gestorben um 660) war ein italienischer Mönch, der auch wegen seiner sprachlichen Begabung auf die Erstellung von Lebensbeschreibungen von Heiligen spezialisiert war. Einer seinen bekanntesten Werke ist die VITA COLUMBANI, die das Leben des heiligen Columbanus behandelt. Jonas wurde Mönch im gleichen Kloster, in dem auch Columban gelebt hatte, der drei Jahre vor Jonas' Eintritt verstorben war. Columban von Luxeuil, geboren im Jahre 540 in Irland, gestorben 615 in Bobbio, Italien, war ein Wandermönch, der sich die Missionierung von Heiden als Lebensziel gesetzt hatte und dabei bekannt war für sein unbeugsames und kompromissloses Verhalten und seine rücksichtslose Mentalität.

Jonas beschreibt in seiner VITA COLUMBANI auch Wunderwerke, die Columban gewirkt haben soll. Es gab damals die „Columbaner-Mönche", und das Ziel der Vita war es unter anderem, für diesen Columbaner-Orden zu werben.

In einer dieser Geschichten über Columban ist auch die Rede von VOTAN:

AD DESTINATUM DEINDE PERVENIUANT LOCUM. QUEM PERAGRANS VIR DEI NON SUIS PLACERE ANIMIS AIET, SED TAMEN OB FIDEM IN GENTIBUS SERENDAM INIBI PAULISPER MORATURUM SE SPONDIT. SUNT ETENIM INIBI VICINAE NATIONES SUAEVORUM. QUO CUM MORARETUR ET INTER HABITATORES LOCI ILLIUS PROGREDERETUR, REPPERIT EOS SACRIFICIUM PROFANUM

LITARE VELLE, VASQUE MAGNUM, QUEM VULGO
CUPAM VOCANT, QUI XX MODIA AMPLIUS
MINUSVE CAPIEBAT, CERVISA PLENUM IN MEDIO
POSITUM. AD QUEM VIR DEI ACCESSIT SCISCI-
TATURQUE, QUID DE ILLO FIERI VELLINT. ILLI
AIUNT SE DEO SUO **VODANO** NOMINE QUEM
MERCURIUM, UT ALII AIUNT, AUTUMANT, VELLE
LITARE. …

Die Übersetzung der ganzen Geschichte:

Schließlich kamen sie an bei dem angegebenen Platz,
der Kolumban nicht ganz gefiel; sie beschlossen aber zu
bleiben, um unter den Menschen, die Sueben waren,
den Glauben zu verbreiten. Einmal, als er wieder durch
das Land zog, entdeckte er Einwohner, die eine heidnische Opferung vorbereiteten. Sie hatten ein großes
Gefäß von etwa 26 Maßeinheiten in ihrer Mitte, das
sie „cupa" nannten, und das gefüllt war mit Bier. Als
Kolumban fragte, was sie damit vorhätten, sagten sie,
dass sie ein Opfer an Vodan, ein Name von Merkur,
bringen wollten. Als er diese Ungeheuerlichkeit gehört
hatte, atmete er auf das Gefäß und das zerbrach davon
in Stücke und das Bier floss daraus weg. Damit war es
klar, dass der Teufel sich im Gefäß verborgen gehalten
hatte und durch das Trinken die Chance gehabt hätte,
die Seelen der Teilnehmer zu verstricken. Als die Heiden
das sahen, waren sie erstaunt und sagten, das Kolumban
einen starken Atem hätte, um ein gutes Gefäß auf diese
Art zu zerstören. Aber er tadelte sie mit den Worten des
Evangeliums und befahl ihnen, mit diesen Opferungen

aufzuhören und nach Hause zu gehen. Viele konvertierten dann durch die Predigten des heiligen Mannes, und als sie über Christus gelernt und sich ihm zugewandt hatten, wurden sie von ihm getauft. Andere, die schon getauft waren, aber noch dem heidnischen Unglauben lebten, leitete er, wie es einem guten Hirten geziemt, durch seine Worte zum Glauben und in der Schoß der Kirche.

In dem Satz

„…dass sie ein Opfer an Vodan, ein Name von Merkur, bringen wollten",

kann der Teil „…ein Name von Merkur…" von Bobbio selber als Verdeutlichung hinzugefügt worden sein. Dass die Opfernden das selbst so gesagt haben sollten, erscheint doch eher unwahrscheinlich. Ob die Geschichte nun stimmt oder nicht, ihre Beschreibung ist auf jeden Fall stark literarisch stilisiert, und die wirklich gesprochenen Worte werden wohl andere gewesen sein.

Wie aber kam Jonas an seine Informationen über Columban? Der Wandermönch selbst hat zwar einige geschriebene Werke hinterlassen, aber das waren nur Ordensregeln und einige wenige Hymnen, Briefe und Predigten, aber keine Reiseberichte und Beschreibungen von Wunderwerken. Konnte Jonas vielleicht aus aufgeschriebenen Volksüberlieferungen schöpfen? – Das ist natürlich möglich, aber wenig wahrscheinlich für seine Zeit. Vielmehr hatte Columban üblicherweise andere Mönche als Reisebegleiter und Jonas kann aus deren Erinnerungen ‚geschöpft' haben.

Columban kam aus Irland und war auch einige Zeit in angelsächsischem Gebiet unterwegs, es werden Schottland, Cornwall und Britannien genannt, wo er sich auf seinen Reisen aufgehalten haben soll.

Sankt Kolumban

Er wird sein Wissen über den heidnischen Glauben von dort mit nach Italien genommen haben, wahrscheinlich auch darüber berichtet haben. Dadurch kann Jonas über die Situation in den angelsächsischen Gebieten informiert gewesen sein, wo der Name Woden möglicherweise schon ab dem 5. Jahrhundert geläufig war. Das VODANO kann also direkt zusammenhängen mit den angelsächsischen heidnischen Kenntnissen des Kolumbans.

Jonas selbst hat als Missionar einige Zeit in GALLIA BELGICA verbracht, war durch alemannisches Gebiet gereist und sollte unterwegs auf jeden Fall mit dem Namen Wodan bekannt geworden sein, umso mehr, weil er sich im nordfränkischen Gebiet befand, das zur Kontaktzone mit den Friesen und Sachsen gehörte. Die Friesen(?) und Sachsen kannten vermutlich einen Gott Wodan.

Dabei gibt es Hinweise dafür, dass es auch unter den Franken Menschen gab – man mag hier an Gründe wie Umsiedlung, Heirat u. ä. denken – die sächsischer Abstammung waren und ihren Wodan in die neue Heimat ‚mitgebracht‘ hatten.

Aber dieses VODANO kann noch ganz anders erklärt werden:

Einige Sprachwissenschaftler sind der Meinung, dass *vodan* (vodanus?) selber authentisch sei, also nicht als eine Form von „Wodan" gesehen werden sollte. Es müssten sonst zu viele nicht einfach nachvollziehbare Annahmen akzeptiert werden, wie eine auffallend abweichende Volkssprache oder regional noch nicht durchgesetzte sprachliche Änderungen, die sich an anderen Stellen schon in die Sprache eingefügt hatten.

Diese anderen Überlegungen zur Deutung des *vodan* sind:

- Das germanische Wort für Wasser ist *watar, auch werden als südgermanische (Dialekt?)-Varianten *weta, *weda, *wota und *woda genannt; die beiden letztgenannten sollen aus den damaligen bayrischen, alemannischen und langobardischen Sprachen kommen. Es soll demnach nur ‚Wasser im Fass' von den angesprochenen Heiden gemeint gewesen sein.

Wie es bei diesen Hypothesen gewöhnlich ist, beruht das alles auf sprachwissenschaftlichen (Re)Konstruktionen und darauf aufgebauten Theorien, Vorschlägen oder freien Spekulationen. Entsprechende Zurückhaltung ist daher empfohlen.

- Es gibt einige wenige Berichte über einen südwestslawischen Wassergott „Votan"; Südwestslawen sollen, bevor sie um 624 das Samo-Reich gründeten, das teilweise in Niederösterreich lag, weiter west- und südwestwärts gezogen sein. In den alten Sprachen Norditaliens sollen noch slawische Sprachelemente erkennbar sein. Dazu gehört auch das (alt)slawische Wort für Wasser: *vota*. Zwar kann diese Theorie nicht ganz verworfen werden, verifizierbar ist sie aber nicht, denn es gibt über die Slawenzüge zu wenige Aufzeichnungen. Sie trägt aber sicher bei zur unsicheren Position des Wortes *Vodan* in der VITA COLUMBANI. Im Übrigen sollen auch Slawen im 6. Jahrhundert bis zu der niederländischen Stadt Utrecht (Wiltaburg) gekommen sein und auch mit Alamannen und Sachsen Kontakte gehabt haben; wiederum ist dies nicht (eindeutig) verifizierbar.

- Besser verifizierbar ist der südwestslawische Gott *Vodha*, ein Kriegsgott, der im Gebiet verehrt wurde, das östlich an Norditalien und Österreich grenzt. Während der Kriege gegen christliche Heere, die diese Slawen auch weiter westlich führten, wurde ihm geopfert, und er hatte dabei den Bei- und Ehrennamen *Roswodiz* (Anführer im Krieg).

In Literatur des 19. Jahrhunderts wird dieser slawische Gott der Wenden dem germanischen Wodan gleichgestellt; eine ziemlich befremdende Theorie, die dann auch schnell wieder verworfen wurde. Bestehen blieb aber die noch immer gültige Auffassung, dass Vodha ein regionaler Name für den slawischen Gott Radegast sei.

Roswodiz Vodha Radegast

Trotz der genannten Fragezeichen und Zweifel und unter Ignorierung der Hinweise auf einen slawischen Gott, könnte man, wenn auch mit viel Zurückhaltung, annehmen, dass mit VODANO tatsächlich Wodan gemeint sei. Wenn dann auch ein möglicher Bezug zu dem angelsächsischen *wóden* ignoriert wird, und die im Text genannten Sueben sehr wahrscheinlich Alamannen waren, wäre ein (beschränkter) Wodankult hier möglich. Als alter süddeutscher Kult aber, den es schon zu Tacitus' Zeiten gab, kann er dadurch noch lange nicht bezeichnet werden, denn die Alamannen waren erst wenige Jahrhunderte zuvor aus dem Norden und Osten gekommen. (Siehe dazu mehr im Abschnitt über die Nordendorfer Fibula). Auch sind die wenigen Indizien zu karg und unsicher um eine breite Verehrung Wodans im Süden bis zur Christianisierung anzunehmen.

Über den Realitätswert der Wundergeschichten, die Jonas über Columban schrieb, gibt es recht unterschiedliche Ansichten. So soll Jonas entweder Augenzeugenberichte gesammelt und diese aufgeschrieben haben; oder aber er hat die Geschichten selbst pseudo-realitätsnah erdacht, dafür hatte er das Talent. Im ersten Fall hätte Columban (wahrscheinlich bei Bregenz) einer kleinen Gruppe von Vodan-Verehrern ,bewiesen', dass der Teufel in ihrem Biergefäß wohnte, im zweiten Fall trägt die Geschichte nur dazu bei, Columban bzw. seinen Orden in ein goldenes Licht zu rücken.

Die Akzeptanz des Wahrheitsgehalts hat hier sicher auch eine stark religiöse Komponente; man glaubt an solche Wundergeschichten oder man tut es nicht. Wenn man daran glaubt, dann bezweifelt man auch ihre Details nicht, wenn man aber derartigen Geschichten das gewirkte Wunder abstreitet, dann ist man auch eher geneigt, andere Aspekte kritisch zu betrachten. Dann erinnert man sich z. B. an eines der bekannten Merkmale von Sagen, die den Eindruck der Realität dadurch vermitteln wollen, dass sie zumeist am Anfang eine genaue geographische Angabe machen, wo sich die Geschichte abgespielt haben soll.

Es gibt jedenfalls aus historischer Sicht deutliche Zweifel an dieser Wundergeschichte und Fragezeichen zu den berichteten Umständen, und deshalb ist sie auch kein akzeptables Argument für einen südlichen Wodankult.

Ein Vodnik – Mehrzahl Vodyanoi

exercitui fortiter resistebat. Iste, ex sui
uxhoc... illa... genté... origin... ua
lang excreueri etqd aleuat form... ane
ducat honoré emeruerat / uit... ui...
Sed eu occasione ulciscende sue curi...
reperit... cum langobardico aduersus que lar
graui bella gesser. Itaq; eu ea in...
trab; quas unuabat exsupantes rauen
n. copulos. brixillus capt... mu
uiaq; solu adaq; destruit... Post hec
uitari rex eu smaragdo patrino qui
tunc rauenne preerat usq; ad annu ter
tiu pace fecit. hui sane driuetrus de
quo p̄ mis un amminiculo separauen
nantiu milites aduersus lang dimi
cat. Exstructa classe lang qui eius
se urbe tenebant hoc aduuante

Seite der HISTORIA LANGOBARDORUM

78

Die langobardischen Hinweise

PAULUS DIACONUS – Godan … Wotan

Paulus Diaconus, (um 725/730 – um 797/799), war ein langobardischer Geschichtsschreiber und Mönch, geboren als Paul Warnefried in Friaul (Norditalien) und Spross einer adligen Familie; er wurde am Hof des langobardischen Königs Ratchis in Pavia erzogen.

Zwischen 787 und 795 schrieb er die Geschichte seines Volkes, der Langobarden, in sechs Bänden auf. Das Werk berichtet aber nur von der italienischen Periode, also ab 568, als die Langobarden während des letzten Zuges der Völkerwanderung in Italien einfielen, und endet mit dem Tod des Königs Luitprand 744. In Band 1 kommen die Namen Godan und Wotan vor:

HISTORIA GENTIS LANGOBARDORUM, LIBER PRIMUS 9

CERTUM TAMEN EST, LANGOBARDOS AB INTACTAE FERRO BARBAE LONGITUDINE, CUM PRIMITUS WINILI DICTI FUERINT, ITA POSTMODUM APPELLATOS. NAM IUXTA ILLORUM LINGUAM LANG LONGAM, BARD BARBAM SIGNIFICAT. **WOTAN** SANE, QUEM ADIECTA LITTERA **GODAN** DIXERUNT, IPSE EST QUI APUD ROMANOS MERCURIUS DICITUR ET AB UNIVERSIS GERMANIAE GENTIBUS UT DEUS ADORATUR; QUI NON CIRCA HAEC TEMPORA, SED LONGE ANTERIUS, NEC IN GERMANIA, SED IN GRECIA FUISSE PERHIBETUR.

Übersetzt:

> "Es ist aber sicher, dass die Langobarden nachher so
> genannt wurden wegen der Länge ihrer Bärte, die nicht
> vom Messer berührt werden, obwohl sie zuvor Wini-
> ler genannt wurden; in ihrer Sprache bedeutet „lango"
> lang und „Bard" Bart. Natürlich ist **Wotan**, der durch
> Hinzufügung eines Buchstabens **Godan** genannt wird,
> der, der von den Römern Merkur genannt wird, und
> er wird verehrt von allen Völkern in Germania als ein
> Gott, es soll ihn wirklich gegeben haben, nicht in dieser
> Zeit, sondern vor langer Zeit, und nicht in Germania,
> sondern in Griechenland."

Woher kennt der Autor den Namen Wotan? Dafür kommen verschiedene Möglichkeiten in Frage.

So lebte er etwa fünf Jahre am Hof Karls des Großen und
könnte dort entsprechende Informationen bekommen haben. Die
wahrscheinlichere Möglichkeit ist aber, dass er für sein Werk nicht
nur auf mündliche Überlieferungen zurückgriff, sondern auch in
erheblichem Ausmaß auf andere, ältere schriftliche Quellen.

Von Tacitus – wahrscheinlich über dessen Zitierungen in
Werken anderer Gelehrter wie z. B. Martin von Braga – kannte
er möglicherweise die Aussage, dass ‚die Germanen' Merkur am
meisten verehrten. Auch mit dem Werk des angelsächsischen
Benediktinermönchen Beda, in dessen Ausarbeitung über die
Kirchengeschichte seiner Zeit der Name „Woden" vorkommt, war
Paulus Diaconus bekannt. Somit ist eine Verbindung schnell her-
gestellt. Aber dann muss man entweder annehmen, dass er doch
nicht so gut informiert war, denn sonst hätte er Wotan ja nicht in
Griechenland situiert – oder aber er verfügte über Informationen,

die einen Wotan tatsächlich in Griechenland angeben. Alles in allem ist die Herleitung dürftig.

PAULUS DIACONUS

Weiter ist über Paulus Diaconus anzumerken, dass er den Namen ‚Godan' anscheinend für einen Fehler hält: Es müsse Wodan sein. Auf diese Meinung wird Vieles weitere aufgebaut. Die Interpretation ist aber lange nicht so klar, wie sie scheint. Die Geschichte der Langobarden seit ihrer Niederlassung in Italien ist nämlich ziemlich gut dokumentiert, und ein Wodankult ist dort nirgends aufgezeichnet. Etymologisch ist es außerdem durchaus haltbar, dass das lombardische Godan auf das germanische *guđanaz zurückgehen könnte und auf das protogermanische *guđ-, bzw. *guthan, und das wieder auf das Proto-Indo-Germanische *ghut-. Wenn hier die Rede ist von zwei Weiterentwicklungen, und das wäre sicher nicht einzigartig, also ohne den Bezug auf einen Götternamen, dann bedeutet in diesem Fall Godan einfach „Gott" und hat sprachwissenschaftlich mit Wodan nichts zu tun. Darüber hinaus gibt es Interpreten, die das germanische *w* als ein lateinisches *g* ansehen. Andere sind allerdings der Meinung, das komme nur selten vor, und wieder andere meinen, das sei ein Fehler:

Das germanische w im Mittelalterlatein

Die Anfänge der aus den germanischen in die römischen Sprachen entlehnten Wörter mit *w-* wurden im Latein des Mittelalters (Kirchenlatein) als gu interpretiert und geschrieben. „Werra" wird GUERRA, „wardōn" (beobachten) wird GUARDARE. Nach diesem System wäre „Wodan" mit GUODAN zu übersetzen.

Ab dem 11. Jahrhundert verschwindet dann der Halbvokal wieder aus lateinischen Texten. Das war aber einige Jahrhunderte nach Paulus Diaconus. Wenn die Langobarden lange vor Diaconus ihren Gott „Godan" nannten, dann wird er tatsächlich kein „Wodan" gewesen sein; für diesen Götternamen gibt es dort keine Quellen und daher weist das Wort eher auf den Begriff „Gott" als spezifisch auf den germanischen Göttervater. Diaconus hatte seine Informationen nämlich aus lateinischen Aufzeichnungen, und in denen wäre ein solcher „Wodan" dann gemäß dieser sprachlichen Regeln als ein GUODAN verzeichnet gewesen und nicht als „Wotan".

Im Angelsächsischen kommt der Begriff *godan* vor, es bedeutet dort „gut" oder „der Gute". Der Mönch und Poet Cædmon, der im 7. Jahrhundert lebte, benutzt das Wort in einer seiner Strophen – allerdings nicht zur Bezeichnung eines Gottes; Paulus Diaconus kannte sich aus mit angelsächsischer Literatur, denn diese wurde über viele Klöster verbreitet, auch auf dem Kontinent.

Während der römischen Zeit wurde das anlautende *W* durch einen V ersetzt, wie z. B. *Wuna* zu VUNA wird; ab dem frühen Mittelalter schreiben insbesondere Mönche statt *w* ein *u* oder *uu*.

Es wird auch noch spekuliert, dass der langobardische *Godan* einen Zusammenhang hat mit dem Gotischen **gæda-*, **gædaz*, (= gut, passend), aber diese Auffassung findet ebenso wenig Unterstützung wie die, dass ein Zusammenhang besteht mit dem isländischen Namen *Godin* für die Götterfamilie der Æsir, deren 36 Priester/Führer/Richter *Godar* genannt wurden.

Das Werk von Paulus Diaconus als Quelle ist zudem problematischer als oft angenommen wird. Es erschien zum ersten Mal in Druck im Jahr 1514. Zu dieser Zeit gab es davon schon um die hundert handschriftliche Kopien, die untereinander nicht identisch waren, sondern an vielen Stellen auffallende Unterschiede zeigten. Es wird vermutet, dass Kopisten beim Abschreiben Teile änderten und neue hinzufügten – leider wissen wir nicht, was alles vom Original abweicht, denn dieses gibt es nicht mehr. Es ist daher gut möglich und auch wahrscheinlich, dass später Änderungen vorgenommen wurden, gemäß dem Wissensstand der jeweiligen Zeit. Beim Druck wurden diese Unterschiede in den Handschriften nicht berücksichtigt, man war nur darauf ausgerichtet, alle Bände herauszugeben. Aber gerade die erste gedruckte Version war Grundlage für praktisch alle nachfolgenden Ausgaben.

Ein später eingefügtes „Godan-Wodan" gehört damit sicher auch zu den Möglichkeiten.

Diese Ausführungen mögen deutlich gemacht haben, dass Paulus Diaconus als Beweisquelle für einen germanischen Wodankult in Mittel- und Südeuropa mindestens sehr unsicher ist, und als Hinweis für einen solchen bei den südlichen Germanen zur Römerzeit abgelehnt werden darf.

Woden und FrÍge / Wodan und Frigg: Godan und Frea?

ORIGO GENTIS LANGOBARDORUM –
EST INSULA QUI DICITUR SCADANAN

Die ORIGO GENTIS LANGOBARDORUM stammt in der überlieferten Form wohl aus der Zeit von 672 bis 688. Sie diente als wichtige Quelle für die Langobardengeschichte des Paulus Diaconus,
der allerdings einiges daraus nach eigener Auffassung abänderte.
Möglicherweise, und das wird auch angenommen, umfasste das
Originaldokument mehr als die drei kurzen Abschnitte, die 1878
der Öffentlichkeit wieder zur Verfügung gestellt wurden. Auch
diese erhaltenen Schriften sind keine Originale; schon zur Zeit
des Paulus Diaconus gab es angeblich bereits mehrere nicht miteinander identische Kopien.

Gerade auf dieses kurze Dokument, das aus sieben Abschnitten besteht, stützt man sich bei der Behauptung eines südlichen
Wodankultes in erheblichem Umfang.

Abschnitt 1 fängt so an:

EST INSULA QUI DICITUR **SCADANAN**, QUOD
INTERPRETATUR EXCIDIA, IN PARTIBUS AQUI-
LONIS, UBI MULTAE GENTES HABITANT; INTER
QUOS ERAT GENS PARVA QUAE WINNILIS VOCA-
BATUR.

Hier ist die Rede von eine Insel SCADANAN, die das (ursprüngliche) Zuhause der Winiler sein sollte.

Dieses SCADANAN wurde und wird von manchem noch immer
ziemlich salopp als Skandinavien interpretiert, obwohl es sowohl
sprachlich als auch historisch dafür keinen stichhaltigen Beweis
gibt, nur ein Indiz: In altenglischen Texten ab dem 8. Jahrhundert
gibt es den Begriff **Scedeland** und damit wird ‚dänisches Land'

gemeint, das sind wahrscheinlich Teile Skandinaviens, die zum damaligen dänischen Reich gehörten. (Der Name kommt z. B. im Beowulf vor). Zudem, so weit bekannt, stammen die Winiler (Langobarden) nicht aus Skandinavien, sondern hatten ihr Stammland in Norddeutschland entlang der unteren Elbe.

Aus der Antike kennen wir aber die Begriffe SCANDZA, was Skandinavien bedeuten soll, und SCANDINAVIA (SCANDINAUIA) (vielleicht Schonen?), das für einige römische Schriftsteller nördlich von Germanien lag. Ob mit SCADANAN aber *Scedeland* gemeint ist, wissen wir nicht, es kann auch einfach ein anderes Wort sein, das nur eine gewisse klangliche Ähnlichkeit mit diesen Namen hat. Es bleibt Spekulation, die Begriffe einfach zu Synonymen zu erklären.

Moderne Philologen haben die alten germanischen Formen *Skathin-aujo* oder *Skadhin-aujo* (gefährliche Insel) rekonstruiert, was dem römischen SKANDINAVIA entsprechen soll. Bei also bereits mehrfach vorhandenen Namen für den Norden Europas scheint weniger wahrscheinlich, dass dann SCADANAN auch noch Skandinavien bedeuten soll.

Dennoch, die Verbindung war hergestellt und ging irrtümlich als ‚Fakt' ihren Weg durch die Zeit – und zahlreiche weitere solcher ‚Fakten' wurden später darauf aufgebaut.

In demselben Abschnitt kommen einige Male die Namen Godan und Frea vor. Auch das hat zu Schlussfolgerungen geführt, die bei näherer Betrachtung keine so feste Grundlage haben, wie immer gedacht wurde bzw. die sogar abgelehnt werden können. Berechtigten Zweifel gibt es jedenfalls, denn:

TUNC AMBRI ET ASSI, HOC EST DUCES WANDALORUM, ROGAVERUNT **GODAN**, ...

...ROGAVERUNT **FREAM**, UXOREM GODAM, ...

TUNC LUCISCENTE SOL DUM SURGERET, GIRA-
VIT FREA, UXOR GODAN, …

Höhepunkt der langobardischen Herrschaft in Italien um 750–785

Der Abschnitt erzählt die bekannte Sage, wie die Winiler zu ihrem Namen Langobarden kamen:

In den nördlichen Gebieten gibt es eine Insel, die SCADANAN genannt wird, was „Schaden" bedeutet, dort leben viele Volksstämme, und unter diesen gab es einen kleinen Stamm, der „Winiler" genannt wurde.

Die beiden Führer der Wandalen, Ambri und Assi wollten, dass die Winiler, die geführt wurden von Gambara und ihren Söhnen Ybor und Agio, Tribut zahlten oder sich ihnen im Kampf anschlössen. Diese weigerten sich und kündigten den Kampf an. Ambri und Assi gingen dann zu Godan und baten ihn um den Sieg über die Winiler. Godan antwortete, dass er den Sieg denjenigen schenken würde, die er bei Sonnenaufgang zuerst sähe.

Zur gleichen Zeit baten Gambara und ihre Söhne Frea, Godans Frau, um den Sieg. Frea riet, dass die Frauen der Winiler ihre Haare vor ihren Gesichtern wie Bärte zusammenbinden und ihre Männer in den Kampf begleiten sollten. Bei Sonnenaufgang drehte Frea das Bett ihres Gatten, damit er nach Osten sah und weckte ihn dann. Godan sah die Frauen der Winiler mit ihren Haaren vor ihren Gesichtern und fragte: „Wer sind diese Langbärte?" Frea antwortete: „Da du ihnen ihren Namen gegeben hast, solltest du ihnen auch den Sieg geben." Und das tat Godan. Ab diesem Tag wurden die Winiler *Langobardi* genannt, die „Langbärte".

Im lateinischen Originaltext:

EST INSULA QUI DICITUR SCADANAN, QUOD INTERPRETATUR EXCIDIA, IN PARTIBUS AQUI-

LONIS, UBI MULTAE GENTES HABITANT; INTER QUOS ERAT GENS PARVA QUAE WINNILIS VOCABATUR. ET ERAT CUM EIS MULIER NOMINE GAMBARA, HABEBATQUE DUOS FILIOS, NOMEN UNI YBOR ET NOMEN ALTERI AGIO; IPSI CUM MATRE SUA NOMINE GAMBARA PRINCIPATUM TENEBANT SUPER WINNILES.

MOVERUNT SE ERGO(R) DUCES WANDALORUM, ID EST AMBRI ET ASSI, CUM EXERCITU SUO, ET DICEBANT AD WINNILES: 'AUT SOLVITE NOBIS TRIBUTA, AUT PRAEPARATE VOS AD PUGNAIN ET PUGNATE NOBISCUM'. TUNC RESPONDERUNT YBOR ET AGIO CUM MATRE SUA GAMBARA: 'MELIUS EST NOBIS PUGNAM PRAEPARARE, QUAM WANDALIS TRIBUTA PERSOLVERE'. TUNC AMBRI ET ASSI, HOC EST DUCES WANDALORUM, ROGAVERUNT GODAN UT DARET EIS SUPER WINNILES VICTORIAM. RESPONDIT GODAN DICENS: 'QUOS SOL SURGENTE ANTEA VIDERO, IPSIS DABO VICTORIAM'.

EO TEMPORE GAMBARA CUM DUOBUS FILIIS SUIS, ID ES YBOR ET AGIO, QUI PRINCIPES ERANT SUPER WINNILES, ROGAVERUNT FREAM, [UXOREM GODAM], UT AD WINNILES ESSET PROPITIA. TUNC FREA DEDIT CONSILIUM, UT SOL SURGENTE VENIRENT WINNILES ET MULIERES EORUM CRINES SOLUTAE CIRCA FACIEM IN SIMILITUDINEM BARBAE ET CUM VIRIS SUIS VENIRENT. TUNC LUCISCENTE SOL DUM SURGERET, GIRAVIT FREA, UXOR GODAN, LECTUM UBI

RECUMBEBAT VIR EIUS, ET FECIT FACIEM EIUS CONTRA ORIENTEM, ET EXCITAVIT EUM. ET ILLE ASPICIENS VIDIT WINNILES ET MULIERES IPSO-RUM HABENTES CRINES SOLUTAS CIRCA FACIEM; ET AIT: 'QUI SUNT ISTI LONGIBARBAE'? ET DIXIT FREA AD GODAN: 'SICUT DEDISTI NOMEN, DA ILLIS ET VICTORIAM'. ET DEDIT EIS VICTORIAM, UT UBI VISUM ESSET VINDICARENT SE ET VICTO-RIAM HABERENT. AB ILLO TEMPORE WINNILIS LANGOBARDI VOCATI SUNT.

Version nach Georg Waitz

Zuvor wurde schon bei der Diskussion des Textes von Paulus Diacunus dargestellt, dass Godan gar nicht zwingend Wodan sein muss. Da aber Paulus Diaconus' Sichtweise, dass Godan ein Fehler sei und es Wodan heißen müsse, lange Zeit vorbehaltlos akzeptiert wurde, wurden dementsprechend Godan mit Wodan und Frea mit Frigg gleichgesetzt. Etymologisch gibt es dafür aber keinen Grund.

Die altnordische Frigg ist auf altsächsisch *Fri*, auf altenglisch *Fríge*, das kommt wahrscheinlich vom gemeingermanischen *Frijjō*. Die altnordische Form *Frigg* hatte sich zu der Zeit sehr wahrscheinlich noch nicht einmal entwickelt, da die Bildung dieser Sprache etwa ab den 8. Jahrhundert angesetzt wird und in der Vorgängersprache, dem Proto-nordisch, ist der Name nicht nachgewiesen. Wer in der germanischen Etymologie sucht, wird staunen, denn „*freá*" kommt als Substantiv zwar auf altenglisch vor, bedeutet da aber „Herr, Meister" und kommt vom germanischen **fraw(j)òn*, auf Altsächsisch *fràho* und auf Altfriesisch *frà*. Der Autor des angelsächsischen Epos Beowulf schreibt über König

Hrothgar als *Frea Ingwinas* (Herr der Ingwinen oder Ingwionen).

In altsächsischer Sprache kannte man für den Ausdruck „geliebte Gattin" die *Freá wíf*, angelsächsisch als *Freólíc wíf*, geehrte Dame, edle Frau (Gattin des Meisters). Das alte maskuline *frea* bedeutet eigentlich „der Erste", also der Herr. Das *Frea* wurde dann statt der weibliche Form *Frêo* später auch für die feminine Erste benutzt – die Herrin. Möglicherweise gibt es hiermit einen Zusammenhang. Dann würde das Zitat nicht auf Wodan und Frigg hindeuten, sondern einfach den Gott und seine geliebte Gattin bzw. edle Frau meinen. Abwegig ist diese Gedanke sicher nicht.

Jedenfalls ist der Name Frea als einer der Namen der Göttin Frigg ein Kreisbeweis; in der Mythologie der Wikinger ist sie die Erste unter den Göttinnen, und gerade weil man in dieser die Göttin Frigg sah, wurde von dort Frea als einer ihrer Namen aufgenommen.

Nur nebenbei: Der Name der Göttin Freyja kann auch gut ebenfalls aus dem feminisierten *Frea* entstanden sein.

Wenn man hier dennoch Wodan und Frigg sehen möchte, dann sollte man dabei bedenken, dass die Langobarden ursprünglich aus Norddeutschland stammten, weshalb ein Wodankult bei ihnen nicht unmöglich ist. Da ein solcher aber in der Geschichtsschreibung der italienischen Langobarden nirgends mehr erwähnt wird, ist es gut möglich, dass er irgendwann während ihres Zugs in den Süden aufgegeben wurde.

Zudem haben die beiden Klammereinträge im benutzten lateinischen Text um [UXOREM GODAM] auch eine Bedeutung; damit wird ausgedrückt, dass die beiden Worte nicht im Original standen, sie sind rekonstruiert, im Nachhinein dort hinzugefügt.

So bleibt die nicht mehr zu beantwortenden Frage, ob und inwiefern die Kopien des Originals durch andere Autoren ergänzt oder an den ihrer Zeit entsprechenden Kenntnisstand angepasst wurden. Ob vielleicht dann Godan und Frea zum Ehepaar gemacht wurden, gerade weil das dann besser mit (angel-)sächsischen Kenntnissen übereinstimmte? Freilich können derartige Überlegungen nur spekulativer Art sein, es liegen dazu keine weiteren Hinweise vor, außer, dass wir schon mehr Beispiele kennen, dass alte Manuskripte geändert, ergänzt oder auf andere Weise der jeweiligen Zeit angepasst, in der sie abgeschrieben wurden – das ist nicht etwas, was selten vorkam.

Die Bemerkung S. 83 über spätere Änderungen im Text beim Abschreiben kann daher auch hier gelten; Kopien von vielen alten Texten, die in Klöstern hergestellt wurden, zeigen Unterschiede untereinander, manchmal kleinere, manchmal größere. Daher sollte man auch hier nicht die Möglichkeit ausschließen, dass der Text bei solchen Gelegenheiten den jeweiligen Kenntnissen späterer Zeit angepasst wurden, eine ‚Korrektur‘ aus dem verständlichen Wunsch zu verbessern, denn solche Schriften wurden auch als Unterrichtsstoff benutzt und sollten dann schon ‚korrekte‘ Informationen enthalten.

Wir wissen dabei einfach nicht, wie viel aus diesem Text auch wirklich aus dem 7. Jahrhundert stammt und was in späteren Jahrhunderte hinzugefügt oder geändert wurde – wenn SCADANAN tatsächlich eine geänderte Form des altenglischen Begriffs *Scedeland* ist, dann kann das ebenso gut auf eine spätere Ergänzung hinweisen.

Es gibt auch die Spekulation, dass die Langobarden, bevor sie das Gebiet an der unteren Elbe bevölkerten, weiter nördlich wohnten. Es werden dabei als geographische Angaben SCA-DANAN und SCORINGA (Rügen?) genannt. Die Langobarden sollen dann von SCADANAN über SCORINGA südwärts gezogen sein. Wenn das stimmte, dann hätten die Langobarden sich schon vor der Zeitwende in Norddeutschland angesiedelt. Ob die Winilersage dann aus der alten nordischen Zeit dieses Volkes stammt, ist nicht feststellbar und in der erzählten Form auch äußerst unwahrscheinlich – solche Geschichten passen sich immer dem Verständnis der Zeit an, in der sie erzählt werden. Es ist daher auch viel wahrscheinlicher, dass die Namen aus der Sage dem Wissen des 7. Jahrhunderts (oder später) angeglichen sind. Wurden dann die angelsächsischen Götter Wóden und Fríge zu Godan und Frea latinisiert? Wurde das ebenfalls angelsächsische *Scedeland* dann ebenfalls später in latinisierter Form hinzugefügt? Dies bleibt alles im extrem spekulativen Bereich ohne unterstützende Indizien.

Schließlich noch ein anderer, sicher gut vorstellbarer Erklärungsversuch:

Der Autor der ORIGO GENTIS LANGOBARDORUM kann eine angelsächsische Quelle gehabt haben, z.B. einen Mönch aus dessen Mund er die Namen der Götter aufzeichnete. Das GODAN kann dann doch, wie Paulus Diaconus meinte, ein Schreibfehler sein, ein Hörfehler oder eine eigene Latinisierung. Der Name der angelsächsische Göttin *Fríge* klingt phonetisch (ausgesprochen) wie „frieje", latinisiert läge Frea dann auf der Hand.

In diesem Fall wäre dann angelsächsische Information benutzt worden, um die Langobardensage ‚vollständig' zu erzählen. Trotzdem muss nicht zwingend die Göttin gemeint sein, sondern nur die gängige Bedeutung des Wortes *Fríge*, die mit Liebe zusammenhängt, also die geliebte Gattin.

Es hat jedenfalls den Anschein, dass die ganze ‚selbstverständliche' Übertragung in diesem Text von Godan auf Wodan und Odin und von Frea auf Frigg ein unsicheres Fundament hat.

Er ist daher weder als Beweis, noch als Hinweis für einen Wodankult zur Tacitus' Zeit zu akzeptieren und ebenso wenig für solch einen weit verbreiteten Kult im Süden Deutschlands und weiter südlich zu späteren Zeiten.

VITA BARBATI – ILLIC PERSOLVEBANT VOTA

Saint Barbas (Barbatus von Benevent)

Im 7. Jahrhundert (um 610 - 682) war der später heilig gesprochene Barbatus (Barbas) Bischof des norditalienischen Benevent, einer Provinzhauptstadt in der Lombardei, Teil des Gebiets der Langobarden. Nach dem 9. Jahrhundert wurde seine Lebensgeschichte aufgezeichnet unter dem Titel VITA BARBATI EPISCOPI BENEVENTANI (Das Leben von Barbato, Bischof von Benevent). Im ersten Kapitel dieser VITA BARBATI steht:

ET QUIA STULTA ILLIC PERSOLVEBANT **VOTA**, AB ACTIONE NOMEN LOCI ILLIUS, SICUT HACTENUS DICITUR, VOTUM IMPOSUERUNT.

Es wird in älteren Werken (Grimm folgend) angenommen, dass es sich bei dem hier fett hervorgehobenen **VOTA** um eine Entstellung aus „Vodan" handelt, sogar wird eine Verbindung mit ‚Wode' als Anführer der Wilden Jagd gesehen. Und gerade diese Annahme Jacob Grimms wurde später sehr oft abgeschrieben. Dabei gibt es aber erhebliche und berechtigte Zweifel, ob damit der germanische Gott Wodan gemeint ist. Wenn es sich hier überhaupt um einen Namen handeln sollte, kann man ihn vielmehr in Zusammenhang mit dem Hexenkult der Benevento-Gegend sehen – oder noch etwas ganz anderem.

Damals schon und (wieder?) bis heute soll es in diesem Gebiet einen sehr lebendigen Hexenkult gegeben haben, wie einige Überlieferungen bezeugen; von Schlangen und einem (Walnuss-)Baum ist dabei die Rede. In Barbatos Zeit soll es einen damit zusammenhängenden Ritus gegeben haben, bei dem Reiter im Galopp auf einen heiligen (dem Vodan gewidmeten?) Baum (Blutbaum) zuritten, der angeblichen Wohnstatt eines Geistes. Die Reiter sollten vom Baum einen Streifen Schlangenhaut abreißen und ihn ‚abergläubisch' essen. Forscher, die bei so einem Baum eine „Isis-Urne" fanden, meinten in dem Ritus eine Abänderung eines Isisrituals aus römischer Zeit zu erkennen, das in den heidnischen Ritus der Langobarden aufgenommen worden sei.

Nach der Beschreibung dieses Rituals soll es zunächst viel südlicher in Italien, in der Gegend von Neapel, stattgefunden haben, als eine Gruppe langobardischer Ritter dort an einem Krieg teilnahm. Als Barbatus' Versprechen eines Sieges erfüllt wurde, sollte als Gegenleistung des Königs dem Heidentum der Garaus gemacht werden, und Barbato selbst ließ den Baum des beschriebenen Rituals entwurzeln.

Wie ernst man diese ‚langobardische' Verbindung mit **VOTAN** nehmen soll, muss offiziell noch geklärt werden, wenn das überhaupt noch möglich ist, Kontroversen darüber gibt es jedenfalls schon seit dem Hochmittelalter.

Der heilige Baum von Benevent

Als Be- oder Hinweis für einen Wodankult kann die VITA BARBATI jedenfalls nicht angesehen werden, denn es ist viel wahrscheinlicher, dass die Textstelle gar nicht auf einen Götternamen hindeutet. VOTUM PERSOLVERE ist ein bekannter und gebräuchlicher lateinischer Ausdruck, der „ein Gelübde erfüllen" bedeutet. Obiger lateinischer Satz könnte also genauso gut so übersetzt werden:

Und weil sie an jenem Ort dumme Gelübde erfüllten, haben sie dem Ort von jener Tat, gleich wie (= egal wie) er bis dahin hieß, den Namen Votum (im Sinne von Gelübde/ Denkmal/ Wallfahrtsort) gegeben.

Übers.: B. Beyß

Soweit die langobardischen Quellen. Dazu noch einige Bemerkungen

- Manchmal wird bei den sprachlichen Erklärungen ziemlich salopp auf Begriffe aus dem Gemeingermanischen verwiesen. Man sollte aber nicht vergessen, dass sich aus dieser frühen germanischen Sprache andere, davon abweichende Sprachen entwickelten, wie z. B. das Gotisch, das Fränkisch und eben das Langobardisch, die sich alle von einander unterscheiden. In diesem Rahmen besteht durchaus die Möglichkeit eigener Worte mit eigener Bedeutung, die in anderen Sprachen zwar ähnlich klingen, aber etwas ganz Anderes bedeuten können, Beispiele hierfür gibt es in Hülle und Fülle. Hinzu kommen noch mögliche Vermischungen mit regionalen norditalienischen Dialekten und südwestfranzösischen Sprachen keltischer Herkunft; eine lateinische Übersetzung aus solchen regionalen Sprachen kann gut zu einem fehlerhaften Verständnis führen, wenn man die Originalsprache nicht kennt.

- Als Argument für einen Wodankult im Süden wird noch ein Brief des Bischofs Nicetius von Trier (513-573) angeführt, in dem dargestellt wird, dass die Langobardenkönigin Chlodoswinda eine Enkelin des Frankenkönings Chlodwigs sei, der wiederum mit einem Wodankult (?) seiner Nachbarn, der Alamannen, bekannt gewesen sein soll. Aber diese Darstellung darf als Argument für einen derartigen generellen Kult unter den Langobarden gleichwohl abgelehnt werden, dafür gibt es keine weiteren Hinweise.

Insgesamt eignen sich diese italienisch-langobardischen Informationen nicht als Hin- und noch viel weniger als Beweise für einen germanischen Wodankult zur Römerzeit in den entsprechenden südlichen Gebieten, denn dafür gibt es viel zu viele Fragezeichen und Ungereimtheiten. Gleichfalls liefern sie keine stichhaltigen Hinweise auf eine spätere, weit verbreitete Wodan-Verehrung im Europa südlich des Limes bis zur Christianisierung.

MERCURIUS HRANNO

BEDA VENERABILIS (Bede)

BEDA VENERABILIS – Vecta, Sohn des Woden

Beda der Ehrwürdige wurde im Jahr 672/3 bei Wearmouth in der englischen Grafschaft Northumbria geboren und verstarb 735. Er war ein angelsächsischer Mönch, der zum Benediktinerorden gehörte. Bekannt wurde er als Theologe und Geschichtsschreiber, 1899 wurde er heilig gesprochen. In einem seiner wichtigsten Werke beschreibt er im Prinzip die Geschichte der Kirche seiner Zeit, und er behandelt dabei auch die Geschichte Englands von Julius Cäsar bis zu der Fertigstellung seines eigenen Werkes im Jahr 731. Beachtenswerterweise beschreibt er auch Kontakte mit den (Alt-)Sachsen und mit einem westfränkischen Stamm. Auf Bedas Erwähnung von „Woden" stützen sich andere mittelalterlicher Schreiber und solche aus neueren Zeiten:

HISTORIAM ECCLESIASTICAM GENTIS ANGLO-RUM: LIBER PRIMUS, 15

DUCES FUISSE PERHIBENTUR EORUM PRIMI DUO FRATRES HENGIST ET HORSA; E QUIBUS HORSA POSTEA OCCISUS IN BELLO A BRETTO-NIBUS, HACTENUS IN ORIENTALIBUS CANTIAE PARTIBUS MONUMENTUM HABET SUO NOMINE INSIGNE. ERANT AUTEM FILII UICTGILSI, CUIUS PATER UITTA, CUIUS PATER UECTA, CUIUS PATER **UODEN**, DE CUIUS STIRPE MULTARUM PROUIN-CIARUM REGIUM GENUS ORIGINEM DUXIT.

Übersetzt:

> "Die beiden ersten Anführer sollen die zwei Brüder Hengist und Horsa gewesen sein. Von diesen war Horsa, der später im Kampf gegen die Briten getötet wurde, bestattet in dem östlichen Teil von Kent, wo noch immer ein Monument steht, das seinen Namen trägt. Sie waren die Söhne von Victgilsus, Sohn des Vitta, dessen Vater Vecta war, Sohn des Woden; königliche Familien aus vielen Provinzen führen ihre Abstammung auf ihn zurück."

Das Werk behandelt u. a. die angelsächsische Festlandsmission bei Friesen und (Alt-)Sachsen; Beda erwähnt auch den fränkischen Teilstamm der Boruktuarier zwischen Ruhr und Lippe. Woher Beda den Namen „Woden" hat, wird nicht deutlich, aber es ist gut vorstellbar und auch wahrscheinlich, dass er ihn aus seinem eigenen Umfeld kennt – möglicherweise im direkten Zusammenhang mit den Angeln und Sachsen, die den Gott bei ihrer Einwanderung im 5. Jahrhundert ‚mitgebracht' hatten.

Bedas Text bezieht sich also auf eine Woden-Verehrung der Angelsachsen – keinesfalls aber auf einen Wodankult in der südlichen Hälfte Deutschlands! Trotzdem wird Bedas ‚Woden'-Erwähnung über einen Umweg gerade dorthin geleitet mit Hilfe folgender Fehl-Argumentation:

> ‚Die Angeln und Sachsen brachten ihre Verehrung Wodans im 5. Jahrhundert mit nach England. Zuvor wohnten sie auf dem Kontinent zwischen anderen germanischen Stämmen. Weil nicht angenommen werden darf, dass nur sie exklusiv Wodan verehrten, gilt die Verehrung auch für die anderen Stämme, also für ganz ‚Germanien'.

Diese kurzschlüssige Ansicht trifft man innerhalb wissenschaftlicher Kreise schon sehr lange nicht mehr an, außerhalb davon wird sie noch zu oft verkündet.

Seite aus Bedas HISTORIA ECCLESIASTICA GENTIS ANGLORUM

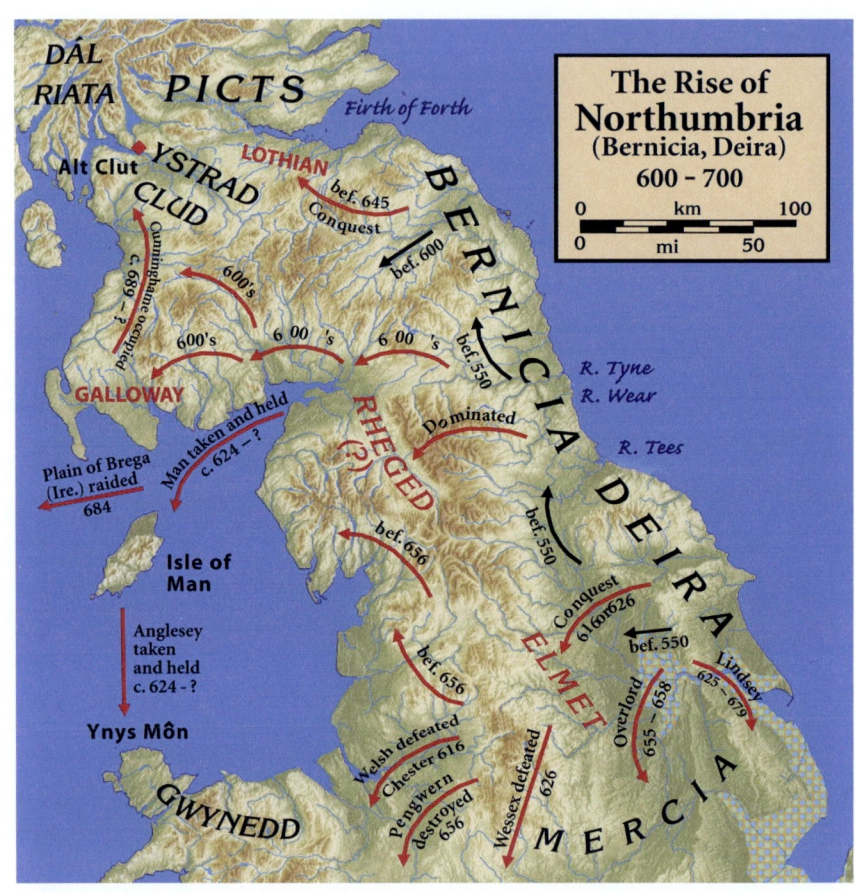

The Rise of
Northumbria
(Bernicia, Deira)
600 – 700

0   km   100
0   mi   50

DÁL
RIATA

PICTS

Firth of Forth

LOTHIAN

Alt Clut

YSTRAD
CLUD

bef. 645
Conquest

BERNICIA

bef. 600

c. 689 – ?

Cunninghame occupied

600's

600's   6 00 's   6 00 's

bef. 550

GALLOWAY

Man taken and held
c. 624 – ?

RHEGED
(?)

Dominated

R. Tyne
R. Wear

R. Tees

DEIRA

Plain of Brega
(Ire.) raided
684

bef. 656

bef. 550

Isle of
Man

Anglesey
taken
and held
c. 624 - ?

Ynys Môn

bef. 656

ELMET

Conquest
616 or 626

bef. 550

Lindsey
625 - 679

Overlord
655 - 658

Welsh defeated
Chester 616

Pengwern
destroyed
656

Wessex defeated
626

GWYNEDD

MERCIA

Britannien zu Nennius' Zeit

104

NENNIUS – HORS ET HENGIST

NENNIUS, auch genannt NEMNIVUS, war ein walisischer Historiker und Mönch aus dem 8. Jahrhundert. Sein Werk gilt als eine wichtige Quelle für die König-Arthur-Geschichten, außerdem wird er als Autor der HISTORIA BRITTONUM genannt, einem Werk, das das Britannien zu seiner Zeit in einer Mischung von Geschichte, Sagen und Gebietsbeschreibungen darstellt.

Es gibt Zweifel, ob er wirklich der (einzige) Autor dieses Werkes war, es wird angenommen, dass es wahrscheinlich von mehreren späteren Autoren überarbeitet wurde. Jedenfalls hat NENNIUS mit weniger Sorgfalt geschrieben als Beda; an einigen Stellen soll er seine Fantasie wohl recht ungehemmt eingesetzt haben. Dennoch kann nicht alles, was er schrieb, verworfen werden, denn aus mehreren Besonderheiten in seinem Werk kann man schließen, dass er offenbar Zugang zu heute nicht mehr vorhandenen Quellen aus dem 5. Jahrhundert hatte.

In der HISTORIA BRITTONUM wird „Woden" an mehreren Stellen genannt. Ein Beispiel davon ist in Abschnitt 31 zu lesen:

INTEREA VENERUNT TRES CIULAE EIN GERMANIA EXPULSAE IN EXILIO, IN QUIBUS ERANT HORS ET HENGIST, QUI ET IPSI ERANT FRATRES, FILII GUICTGLIS, FILII GUIGTA, FILII GUECTHA, FILII **VVODEN**, FILII FREALAF, FILII FREDULF, FILII FINN, FILII FODEPALD, FILII GETA, QUI FUIT, UT AIUNT, FILIUS DEI.

Übersetzt:

"Inzwischen waren drei Schiffe mit Verbannten aus Ger-

mania angekommen. Sie wurden geleitet von Horsa und Hengist, zwei Brüdern und Söhnen des Wihtgils. Wihtgils war der Sohn von Witta; Witta von Wecta; Wecta von Woden; Woden von Frithowald; Frithowald von Frithuwulf; Frithuwulf von Finn; Finn von Godwulf; Godwulf von Geat, der war, wie man sagte, der Sohn eines Gottes, ..."

Und mehrere Könige der Insel führten dann ihren Stammbaum darauf zurück.

Nennius hatte, wie gesagt, wahrscheinlich schriftlichen Quellen aus dem 5. und 6. Jahrhundert zur Verfügung, also aus den Jahrhunderten, als die Angeln, Sachsen und andere mit ihnen Verbündete sich in Britannien niederließen. Demnach kann diese Stelle die Vermutung unterstützen, dass diese ihren Gott Wodan in ihre neue Heimat mitbrachten. Dies mag ebenso auf einen Wodankult im Nordwesten des heutigen Deutschlands, des südlichen Dänemarks und des nördlichen Teils der Niederlande hinweisen.

Es gibt noch mehr alte Werke von der britischen Insel, die über den ‚heidnischen Gott' Woden schreiben, aber diese Beispiele mögen als Beweis genügen für einen offenbar verbreiteten Wodenskult unter den germanischen Bewohnern der britischen Insel wahrscheinlich ab 500 bis zur Christianisierung.

Nichts in diesen Werken weist aber auf einen Wodankult im Süden Deutschlands und weiter südlich hin, und noch viel weniger auf eine solche Verehrung dort zur Römerzeit des Tacitus.

Die mythischen Gestalten Horsa und Hengist setzen Fuß
auf britischen Boden

Das Kloster von Eynsham

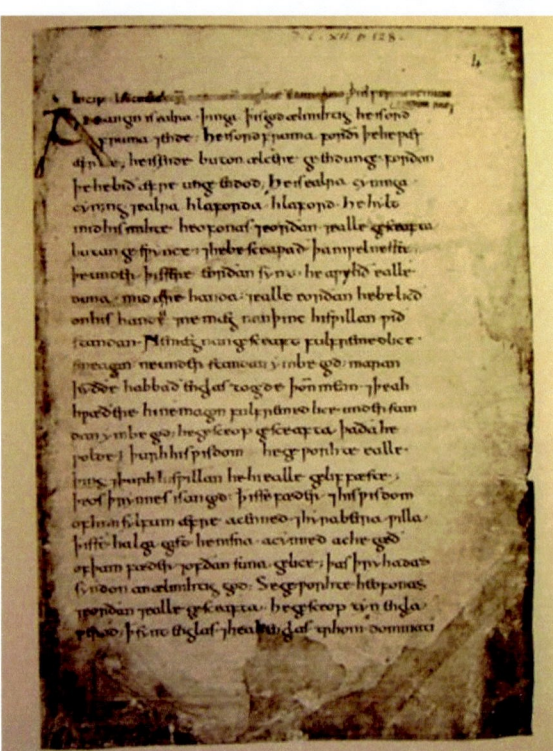

Fragment einer
Predigt Ælfric von
Eynshams

CASSIODORUS – Martin von Braga – Ælfric von Eynsham

Aus den Werken Cassiodors (um 485 bis um 580), der u. a. die HISTORIA GETICA (Geschichte der Goten), schrieb, kann man ablesen, dass er Tacitus' Germania kannte. Das bedeutet, dass die Germania im 6. Jahrhundert noch nicht verschwunden war.

Zur gleichen Zeit lebte auch Martin von Braga (ca. 515 - 580). Dieser weit gereiste Mönch, Abt und Schriftsteller war auch bekannt als derjenige, der die spanischen Sueben zum Katholizismus bekehrte. Er kannte Tacitus' Werk ebenfalls, möglicherweise durch die HISTORIA GETICA; es ist deshalb nicht verwunderlich, dass er in seiner berühmten DE CORRECTIONE RUSTICORUM, einer Predigt, die er auf Anfrage eines Bischofs für Missionszwecke schrieb, die römischen Götternamen gemäß der Vorlage des Tacitus gebrauchte. Martin von Braga schreibt in diesem Zusammenhang z. B.:

> „…QUIA DEUM HABENT IRATUM ET NON EX TOTO CORDE IN FIDE CHRISTI CREDUNT, SED SUNT DUBII IN TANTUM UT NOMINA IPSA DAEMONIORUM IN SINGULOS DIES NOMINENT, ET APPELLENT DIEM MARTIS ET MERCURII ET IOVIS ET VENERIS ET SATURNI, …

Übersetzt:

> "… Sie (die Menschen) glauben nicht von ganzen Herzen an Christus, sondern zeigen ihre Zweifel deutlich, indem sie mit den Namen dieser Dämonen die Tage benennen, sie sprechen über den Tag des Mars, des Merkur, des Jupiter, der Venus und des Saturn, …"

Martin von Bragas Predigt wurde wie auch viele andere seiner Schriften über viele Klöster in England und auf dem Kontinent verbreitet und diente als Lehrstoff für Mönche.

Der britische Mönch, Bischof, Abt, Gelehrte und Autor – er war ein richtiger Vielschreiber – Ælfric von Eynsham (ca. 955 – ca. 1010) kannte seinerseits wiederum die Werke Martins von Braga und benutzte sie in seinen Schriften. Viele seiner Werke wurden von Mönchen kopiert und gelangten so zu Klöstern auf dem europäischen Festland.

Wie Martin von Braga benutzte auch Ælfric die Namen römischer Götter, wenn er über die Götter der Germanen schrieb – Tacitus' Einfluss reicht hier weit! Ælfric muss die angelsächsischen Götternamen aus sein Umfeld gekannt haben und bei ihm läge dann eine Erwähnung der Merkur-Woden Verbindung nahe; dass er den angelsächsischen Namen trotzdem nicht nannte, hatte wahrscheinlich politische Gründe – negative Äußerungen über Woden wären eine klare Kränkung mehrerer Königsgeschlechter gewesen; diese führten den Gott in ihrem Stammbaum und entlehnten daraus ein göttliches Recht zu herrschen. Ælfric kannte solche Herrscher persönlich.

Im 9. Jahrhundert war aus kirchlicher Sicht das Problem eines heidnischen Gottes als Stammbaumbegründer ohnehin schon entschärft, indem man Stammbäume noch viel weiter zurückschrieb und den biblischen Noah als Urahnen präsentierte.

Die Art, wie die römischen Götternamen benutzt wurden, wenn keltische oder germanische Götter gemeint waren, macht die Interpretation nicht einfacher, welche dieser Gottheiten denn nun eigentlich damit gemeint ist. Das kann sogar bei den mittelalterlichen Schriftstellern unterschiedlich sein, teilweise abhängig von dem Gebiet, in dem sie lebten.

Cassiodorus führt Besucher durch sein Kloster

Runenfibel von Nordendorf - Vorderseite

Die Runenfibel von Nordendorf –

logaþore wodan wiguþonar

Im Jahr 1843 wurde bei Nordendorf in Bayern eine silberne Fibel gefunden auf deren Rückseite Runen eingeritzt sind. Gerade diese Runenschrift soll die älteste schriftliche Quelle für den Namen Wodan sein. So sicher wie das oft dargestellt wird, ist es aber gar nicht.

Über das Alter des Schmuckstücks besteht Uneinigkeit, aber es soll irgendwann zwischen 550 und 650 hergestellt worden sein.

Die Fibel wurde in einem Grab gefunden, wahrscheinlich dem einer Frau, in einem Gräberfeld von insgesamt 448 Gräbern. Die Funde in diesen Gräbern deuten auf eine damalige Mischbevölkerung der Gegend aus Franken, Alemannen und Langobarden. Die Fibel deutet auf Wohlstand und das kann für das Gebiet schon stimmen, denn durch diese Gegend verlief die Via Claudia Augusta, eine wichtige Handelsstraße nach Italien.

Auf Grund der Ornamentik auf der Vorderseite wird vermutet, dass die Fibel lombardischer Herkunft ist, entweder in Norditalien hergestellt und über Handelswege in alemannisches Gebiet gelangt oder von einem Langobarden angefertigt worden war, der im alemannischen Gebiet wohnte.

Auf der Rückseite sind einige Reihen Runen eingeritzt, diese sind nach Auffassung Fachkundiger höchstwahrscheinlich nicht schon bei der Herstellung angebracht worden, sondern erst später, wahrscheinlich erst, als die Fibel schon einige Zeit in Gebrauch war – ob das nun schon nach zehn oder nach hundert Jahren oder mehr war, ist nicht festzustellen.

Runenfibel von Nordendorf - Rückseite

Die Runeninschrift besteht aus zwei Teilen, wobei ein Teil in drei untereinander stehenden Reihen geschrieben wurde, diese liest man, wenn die Fibel mit dem runden Ende nach oben gehalten wird, im linken Teil des Rechtecks.

Wenn die Fibel dann um 180 Grad gedreht wird, steht oben im rechteckigen Teil noch diese Runenzeile:

ᚠᚹᚠ ᛚᛏᚢᛒᚹᛁᚺ

In lateinischen Buchstaben ausgeschrieben:

awa (l)eubwini

Die dritte Rune ist nicht völlig erkennbar, es könnte auch ISA sein und dann stünde dort: „awi". Der erste Rune des zweiten Wortes ist nicht sichtbar, LAGUZ wird hier interpretiert.

Die Bedeutung ist unklar, es gibt verschiedene Vorschläge, so etwa den, dass es sich um zwei Personennamen handelt, also „Awa" und „Leubwini", ein anderer Vorschlag lautet „Awa guter Freund". Beides sind komprimierte Sätze, die ausgeschrieben lauten würden:

Für Awa von Leubwini.
Für Awa, mein guter Freund.

Während der Römerzeit kannte man bei den Ubiern um Köln und bei den Tongern in Belgien den Männernamen „Leubo"; *Leubwini* könnte die zugehörige weibliche Form sein.

Das „gute(r) oder liebe(r) Freund(in)" hat aus der Erforschung der Vornamen einige Belege: Ein niederländisches Buch, in dem historische Taufnamen aufgezeichnet sind, verzeichnet:

"lieven, love. LEUBA: Leubin, Liubwi, Leubwin, Liub-man, Liefman. Lebuinus † appr. 776, minister in (the

city of) Deventer. B. 12 Nov. kr. III, 152. P. Livinus
† 657, B. Ma te houthem. B. 12 Nov. Gesln. Liwijn,
Lievense, Leefmans".

Und das niederländische „Wörterbuch der Vornamen" nennt dazu
noch:

„*Lief-win*, *Liaf-win* und das altenglische *Leofwine*".

Alle diese Namen bedeuten ‚lieber Freund'.

Aus dem Angelsächsischen kennen wir den Begriff *áwa* in
der Bedeutung „immer, für immer". Das bietet weitere mögliche
Kombinationen.

Es ist aber keineswegs ausgeschlossen, dass es auch etwas ganz
Anderes bedeutet. Die bestehenden Deutungen bleiben alle im
spekulativen Bereich, es gibt keine eindeutigen unterstützenden
Indizien.

In ersten Teil stehen die Runen:

ᛚᚨᚷᚨᚦᚩᚱᛗ ᚹᚩᛞᚨᚾ ᚹᛁᚷᚢᚦᚩᚾᚨᚱ

In Buchstaben ausgeschrieben:
logaþore wodan wiguþonar

Vom Wort in der Mitte wird in Fachkreisen angenommen, dass
da in Runenschrift „Wodan" steht, und ebenso, dass damit der
Göttername gemeint ist. Dabei wird aber übergangen, dass dieser
Name auf Alt-Alemannisch *Woatan* geschrieben werden müsste
und ähnlich auf Langobardisch. Auch auf Altenglisch und Altsächsisch gilt eine andere Schreibweise. Wenn dies aber in einer
anderen Sprache geschrieben wurde, welche Sprache könnte das

dann sein? Und würde *wodan* in dieser tatsächlich einen Gott bezeichnen? Zwar wird etwa zur gleichen Zeit, als diese Fibel getragen wurde, eine Lautverschiebung vom Westgermanischen zum Althochdeutschen vermutet, bei der u. a. das -T- zum -D- wurde. Die ältesten schriftlichen Zeugnisse dieser Entwicklung stammen aber aus dem frühen 9. Jahrhundert und man kann nur raten, wann diese Wandlung für gerade das Fundgebiet der Fibel anfing. Damit aber ist das Wegfallen des ‚a' in ‚oa' auch noch nicht erklärt. An der Auffassung, da stehe der bekannte Göttername, bleiben also Zweifel.

Man sollte sich überhaupt fragen, woher man damals (Ende 6. bzw. Anfang 7. Jhd.) einen Götternamen „Wodan" kannte, denn es gibt keine älteren schriftlichen Überlieferungen, in denen der Name auftaucht, sogar das angelsächsische „Wóden" ist erst im 7. Jahrhundert schriftlich bezeugt, es soll vom altgermanischen *Wôden* kommen. Aber letzteres ist schon nicht mehr belegt, sondern eine Annahme, ein Versuch der Rekonstruktion.

Und dann soll man dennoch ohne Weiteres annehmen, dass mit diesen als Buchstaben verwendeten Runen der bis dahin in dieser Gegend offensichtlich unbekannte Göttername „Wodan" gemeint sei?

Wir wissen nicht einmal sicher, welche Sprache der Runenritzer sprach und ob er den Runen die gleichen lateinischen Buchstaben zuordnete, wie wir das heute tun! Dazu kommt die Überlegung, dass zwischen der Herstellung der Fibel und dem Ritzen der Runeninschrift auf der Rückseite ein längerer Zeitraum gelegen haben kann, was eine Bestimmung noch unsicherer macht.

Beim dritten Wort wird angenommen, dass im hinteren Teil dieses Wortes „Donar" steht, für den ersten Teil gibt es unterschiedliche Erklärungen, wie

- heiliger Donar
- dem Donar geweiht
- Donar wird es segnen

aber viel mehr als geraten ist das nicht, denn *wigu-* kommt in den bestehenden Wörterlisten der germanischen Sprachen nicht vor.

Und es mag vielleicht wie ein Sakrileg klingen, aber *–þonar* kennen wir so geschrieben auf dem europäischen Festland nur von dieser einen Fibel her. Es kommt in den vielen anderen Schriften in dieser Form nicht vor und könnte daher auch einfach gar nicht auf einen Gott Donar verweisen, sondern eine andere Bedeutung haben. Wir kennen für Donar das altenglische und altsächsische *þunar (Thunar)*, aber nicht mit einem ‚o‘ als zweitem Buchstaben. Nur eine kurze Suche im Handbuch der germanischen Etymologie liefert sofort zwei Worte, die sich auch nur in einem Buchstaben unterscheiden, aber etwas Unterschiedliches bedeuten:

→ **þerbaz** – unberührt, frisch – (frisches Wasser)
→ **þurbaz** – vorherig, vorhergehend

Wer weiter sucht, wird noch viele ähnliche Beispiele finden.

Man sollte daher nicht ausschließen, dass *wiguþonar* eine ganz andere Bedeutung hat.

Beim ersten Wort logaþore tasten wir noch viel mehr im Dunkeln. Es wurden sehr unterschiedliche Vorschläge präsentiert. Es wurde z.B. in Anlehnung an die nordischen Götter versucht, ein Göttertrio in den ganzen Satz hinein zu deuten, wobei das erste Wort dann auf *Loðurr* (Loki) verweisen soll.

Andere Deuter ziehen die altenglischen Begriffe *logþer, logeþer* heran, die auf ein schadensbringendes Komplott hindeuten, und übersetzen die Zeile dann mit

„Ränkeschmiede sind Wodan und (Weihe-)Donar".

In diesem Fall sollte die Fibel dann von einer (vielleicht) gerade katholisch getauften Person getragen worden sein.

Wieder ein anderer Übersetzung favorisiert „Magier" oder „Zauberer" und bietet dann als Ganzes an:

„Wodan und Donar sind Zauberer".

Weiter wird ein altsächsisches *treu-logo* herangezogen, das „Verräter" bedeutet.

Gerade wenn man so wenig wirklich eindeutig und überzeugend deuten kann, gibt es viel Spielraum für fantasievolle Erklärungen. Einer der ‚Schönsten' ist:

Awa leub winie. Ero þa gol Wodan. wigi Þonar

In der Übersetzung:

[Mutter] Erde [und] Wodan sprachen den Spruch [den] Þonar segnete.

Wenn – ja, wenn alle Fragezeichen bei der Interpretation von „Wodan" ignoriert werden, wenn also angenommen wird, hier sei der Gott mit diesem Namen gemeint, dann könnte dies vielleicht auf eine Bekanntschaft des Namen Wodan bei den Alamannen hindeuten. Dann bleiben aber noch folgende Fragen unbeantwortet:

- Die Alamannen waren ein großes Volk und bewohnten zu der Zeit ein ausgedehntes Gebiet. Weil Wodan nun auf **einem** Schmuckstück verzeichnet wird, soll er gleich der Hauptgott des ganzen Volkes gewesen sein?

- Weshalb wird von Vornherein die Möglichkeit eines lokalen oder regionalen Kults nicht einmal erwogen?
- Weshalb wird die Möglichkeit nicht einmal genannt, dass es sich bei dem Träger der Fibel um jemand aus einem anderen Volk handeln könnte, zum Beispiel sächsischer Herkunft? So homogen waren die Volksgruppen nicht.

Wenn auch dies alles ignoriert wird, dann könnte man tatsächlich bei den Alamannen einen Wodankult annehmen.

Sie wären dann damit das einzige Volk im Süden. Dennoch weist auch das nicht auf eine generelle germanische Wodanverehrung in den südlichen Gebieten Deutschlands und weiter südlich hin, und erst recht nicht auf eine solche zu Tacitus' Zeit.

Dazu noch folgender Einschub über die Volksgruppe der Alamannen:
Sie waren also vielleicht die einzige germanische Volksgruppe in der südlichen Hälfte Deutschlands, die eine Wodanverehrung gekannt haben könnte. Historisch gibt es dafür einige Argumente: Während der Römerzeit wohnten sie im Nordwesten Deutschlands, ihr Stammesgebiet grenzte an das der Sachsen, die sehr wahrscheinlich Wodan verehrten.

Ab 200 kann man den Anfang einer Abwanderung kleinerer Gruppen Germanen nach Süddeutschland feststellen. Das waren Zusammenschlüsse von Franken, Alamannen, Burgundern und Sachsen, wobei die Alamannen an sich schon ein relativ kurz zuvor entstandenes Mischvolk waren, deren Angehörige wahrscheinlich nicht nur aus nördlichen, sondern auch aus östlichen und südöstlichen Gebieten kamen.

Ab 213 überschritten die Alamannen den Limes, die Nordgrenze des römischen Reiches, und ihre Feldzüge zogen sich bis nach Gallien und Italien hin.

Trotz der Niederlage, die ihnen Kaiser Julian beibrachte, hörten sie nicht auf, die Römer zu bekämpfen und trugen damit zu deren Abzug von der Limesgrenze im Jahr 404 bei. Die Alamannen besiedelten in der Folgezeit ein großes Gebiet im heutigen Südwestdeutschland, etwa zwischen Mainz und der Nordschweiz, wurden dann aber im 5. Jahrhundert von den nachrückenden Franken nach Süden verdrängt, so dass heute die Mundart-Grenze an der Murg liegt (zwischen Rastatt und Baden-Baden, etwa 30 km südlich von Karlsruhe) und sich von dort über Heilbronn bis zum Ries zieht. Die Ostgrenze wird vor allem durch den Lech gebildet.

Bei einem Konflikt zwischen Alamannen und Franken kam es zwischen 496 und 507 zur Schlacht von Zülpich, in der die Alamannen eine entscheidende Niederlage gegen den fränkischen König Chlodwig I. erlitten. Ihr Gebiet wurde dann dem ostfränkischen Reich eingegliedert, womit der Weg frei war für die Christianisierung in ihrem Wohngebiet, die dann auch nicht mehr lange auf sich warten ließ.

Während des Krieges gegen die Alamannen 496/97 bekehrte sich ihr heidnischer König zum katholischen Glauben, wahrscheinlich hauptsächlich aus innen- wie außenpolitischem Kalkül. Dadurch konnte die schon vorsichtig begonnene Christianisierung im großen Frankenreich schnell und großflächig durchgesetzt werden.

Im ausgehenden 6. Jahrhundert war das Gebiet der Alamannen weitgehend christianisiert, und an mehreren Stellen wurden Kirchen gebaut. Von offenem Heidentum konnte dort nun keine Rede mehr sein, im Hintergrund wird es sich wohl länger gehalten haben.

Das Gebiet der Alamannen um etwa 400 d. Z.

Clovis I

Folgendes mag somit klar geworden sein: Wenn trotz der vielen Fragezeichen aufrecht erhalten wird, dass es im Süden einen Wodankult zu der Zeit gegeben hat, als die Nordendorfer Fibel getragen wurde, dann handelt es sich hier um einen Wodankult, der aus dem Nordwesten kam und nach der Römerzeit im Süden fortgesetzt wurde. Dies aber nur für kurze Zeit, denn zwischen der alemannischen Besiedelung des Südens und ihrer Christianisierung liegen nur gute 250 Jahre.

Ein Hin- oder Beweis dafür, dass der ‚germanische Merkur' Wodan sei, ist das aber ganz und gar nicht, und kann ebenso abgelehnt werden als Hinweis für einen Wodankult in den entsprechenden römischen Provinzen.

Wenn aber die Fragezeichen honoriert werden, dann kann die Nordendorfer Fibel gänzlich als Argument für einen Wodankult in den entsprechenden südlicheren Gebieten vor der Christianisierung entschieden abgelehnt werden.

Nordendorf

Ortsnamen – *Vuodensberg*

In der Ortsnamenkunde bzw. Ortsnamenforschung werden auch Namen verzeichnet, die auf einen Wodankult hindeuten könnten. Die klarsten Fälle findet man in Skandinavien, England, dem Westen und Nordwesten Deutschlands und den Niederlanden. Herleitungen von Ortsnamen, die als Hinweise auf eine Verehrung Wodans benutzt werden, sind aber sehr fraglich.
Einige Beispiele sind:

Godesberg mit Godesburg

- **Bad Godesberg** war früher selbständig, ist seit 1969 Teil der Stadt Bonn. Urkundlich wurde die Stadt zum ersten Mal 732 erwähnt als *Guodenesberg*. Manche vermuten, dass der Name auf eine alte Kultstätte der römerzeitlichen Ubier hinweist; sie

vermuten den Götternamen *Guodan* (Wodan) hier. Historiker wie z. B. Dr. Norbert Schlossmacher, Leiter des Bonner
Stadtarchivs meinen jedoch, dass der Name „Gottesberg"
bedeutet und eher christlichen Ursprungs sei als heidnischen.
Eine ältere heidnische Bedeutung sei zwar nicht unmöglich,
dafür gäbe es aber keine weiteren Hinweise. Archäologische
Funde deuten darauf hin, dass ein Römerkastell o. ä. dort
stand, wo wahrscheinlich die Franken die Godesburg errich-
teten. Das macht an dieser Stelle aber einen germanischen
Kultplatz eher unwahrscheinlich.

- **Woonsberg** im Schimmerwald (Nordharz) soll von
  „Wodansberg" kommen. Da ist aber klarer Zweifel angesagt,
  denn der ursprüngliche Name soll „Wolsberg" und später
  „Woldsberg" gewesen sein, und das deutet eher auf „Wald".

- **Woensel** (bei Eindhoven, Niederlande) soll auf Wodan
  hinweisen; die älteste Erwähnung datiert aber aus 1107 und
  da heißt der Ort *Gunsela*. Das *Guns(e)-* wird ohne weitere
  Begründung als „Wodan" interpretiert, das *-la* soll entweder
  „Wald" bedeuten oder „Saal" (*sala*) und das Ganze dann
  „Wodanswald" oder „Wodanssaal". Das klingt alles ziemlich
  weit hergeholt und ist etymologisch nicht nachvollziehbar.

- **Woensdrecht** (in der niederländischen Provinz Nord-
  Brabant) soll ebenfalls von Wodan kommen. Der Ort wird
  1249 zum ersten Mal urkundlich erwähnt und wird dort
  Wunsdrech geschrieben. Sprachlich gibt es darin keinerlei
  Zusammenhang mit Wodan, dieser wird erst viel später in
  den heutigen Namen hineininterpretiert.

- **Odenbach** in Rheinland-Pfalz soll ursprünglich angeblich
  Odinsbach gewesen sein. Die erstmalige Erwähnung stammt
  aus dem Jahr 841 als Graf Gunthram der karolingischen

Reichsabtei Fulda seine Güter zu *Vohtenbahc* schenkte. Das zeigt mit Odin keinen Zusammenhang. Außerdem war das Gebiet nach archäologischen Funden damals von keltischen Treverer bewohnt.

Odenbach

In vielen Fällen handelt es sich offensichtlich um eine Art des „etymologischen Ratens", denn die ältesten schriftlichen Aufzeichnungen solcher Ortsnamen gehen oft nicht bis in germanische Zeit zurück. Deshalb ist auch nicht feststellbar, ob solche Orte und Ortsnamen überhaupt seit so langer Zeit existieren.

Wenn man hinter einigen vielleicht besser belegbaren Beispielen einen heidnischen Namensschwund (z. B. Wodansberg soll Michelsberg werden) ein allgemein verbreitetes Muster sehen möchte, dann könnte man annehmen, dass im Zuge der Christianisierung viele Ortsnamen, die an heidnische Götternamen erinnerten, verschwunden sind bzw. umgeändert wurden. Da die

Christianisierung in den Gebieten der Germanen im Süden am frühesten angefangen hat, wäre es vorstellbar, dass solche Namen dort auch früher verschwanden; das sollte generell berücksichtigt werden bei der Feststellung, dass Wodan dort in der Toponomie nicht gefunden wird.

Aber auch dann sind uns keine derartigen Fälle bekannt. Darüber hinaus sind Herleitungen von Ortsnamen aus germanischen Götternamen generell oft strittig, ein ,Hineininterpretieren' scheint dabei oft vorzukommen. Noch ein Beispiel:

Im Namen des alten Dorfes „Udenhout" wollen manche gerne den Namen Wodan (*Uodan*) sehen. Viel besser wird der Name aber erklärt mit den alten Begriffen *Eudenhout* oder *Ödehout*, die „nicht in Kultur gebrachter Wald" bedeuten.

Hingegen wahrscheinlicher sind:

1. der Ort **Wohnste** im Norden Niedersachsens, der auf *Woden-stede* zurückgehen und auf Wodan hinweisen soll;
2. und der Name **Wonsdamm** in Schleswig-Holstein, der „heiliger See des Gottes Wodan" bedeuten soll.

Insgesamt gibt es aber in Deutschland nur sehr wenige geografische Bezeichnungen bzw. Ortsnamen, die auf Wodan hinweisen könnten, und diese finden sich dann auch nur im Norden, wo eine historische Wodanverehrung nicht bestritten wird.

Ortsnamen südlich von Dänemark, die angeblich auf Odin hinweisen, können praktisch alle mit besseren Erklärungen anders hergeleitet werden oder sind zumindest umstritten.

In England gibt es einige Orte mit *Wóden* im Namen und in Skandinavien ebenso mehrere, die klar auf Odin hinweisen.

Auch über die Etymologie von Ortsnamen ergibt sich somit kein Hinweis auf einen Wodankult in Mittel- und Süddeutschland, weder während der Römerzeit, noch bis zur Christianisierung.

Der Berg Melibokus im **Odenwald**. Manche möchten in diesem Gebirgsnamen gerne ein altes ‚Odinswald' sehen. Wahrscheinlichere Namensdeutungen sind aber:

- „Sagenwald": Oden ist ein alter Begriff für Sagen. Eine Verbindung mit der Nibelungensage wird hier vermutet.
- Zur Römerzeit gab es dort die CIVITAS AUDENIENSIUM; der heutige Name Odenwald soll daraus übersetzt worden sein.
- Es wird einen Zusammenhang mit dem Fluss Euterbach vermutet.
- Es soll zurückgehen auf dem alten Begriff Öde in der Bedeutung: dünn besiedelt.

In Anwesenheit Karl des Großen wird der
Sachsenführer Widukind getauft

Das sächsische Taufgelöbnis –
Thunaer ende Wôden ende Saxnôte

Für die freiwillige oder erzwungene Konvertierung der (Angel-) Sachsen vom heidnischen zum christlichen Glauben wurde direkt vor der Taufe ein Gelübde verlangt. Das sächsische Taufgelöbnis, das dafür als Formel benutzt wurde, ist, soweit bekannt, das älteste Dokument in altsächsischer Sprache. Es stammt etwa aus dem Ende des 8. bzw. dem Anfang des 9. Jahrhunderts und lautet:

Altsächsisch:

Forsachistû diabolae?
> et respondet: ec forsacho diabolae.

end allum diobolgeldae?
> respondet: end ec forsacho allum diobolgeldae.

end allum dioboles wercum?
> respondet: end ec forsacho allum dioboles wercum
> and wordum, Thunaer ende Wôden ende
> Saxnôte ende allum thêm unholdum, thê
> hira genôtas sint.

Gelôbistû in got alamehtigan fadaer?
> ec gelôbo in got alamehtigan fadaer.

Gelôbistû in Crist, godes suno?
> ec gelôbo in Crist, gotes suno.

Gelôbistû in hâlogan gâst?
> ec gelôbo in hâlogan gâst.

Übersetzt
> Sagst du den Teufeln ab?
> > Antwort: Ich schwöre dem Teufel ab.

und allem Teufelsdienst?

    Antwort: Und ich schwöre allem Teufelsdienst ab.

und allen Teufelswerken?

    Antwort: Und ich schwöre allen Teufels-Werken und
               Worten ab, Thunaer und Wôden und
               Saxnôte und allen Dämonen, die ihre
               Genossen sind.

Glaubst du an Gott, den allmächtigen Vater?

    Antwort: Ich glaube an Gott, den allmächtigen Vater.

Glaubst du an Christus, Gottes Sohn?

    Antwort: Ich glaube an Christus, Gottes Sohn.

Glaubst du an (den) Heiligen Geist?

    Antwort: Ich glaube an (den) Heiligen Geist.

Dieser alte Text wurde zuerst einer sächsischen Sprache aus dem Nordwesten Deutschlands zugeordnet. Nach mehreren eingehenden Überprüfungen, bei denen die verschiedenen Idiome aus jener Zeit miteinander verglichen wurden, weiß man inzwischen aber, dass dieser Text aus dem angelsächsischen Bereich kommt. Der Text enthält einfach zu viele Elemente aus diesem Sprachgebiet, um Zufall oder Verschreibungen gelten zu lassen.

Dazu werden einige Möglichkeiten genannt, weshalb er hier auf dem Festland gefunden wurde:

- Ein angelsächsischer Mönch und Missionar, der seine Tätigkeit hier auf dem Festland verrichtete, hat die original lateinische Version auf Altenglisch mit sprachlichen Einflüssen seiner Umgebung auf dem Festland übersetzt;
- Der Text stammt aus dem Angelsächsischen, wurde dort bei Bekehrungen benutzt und hier auf dem Festland dann von einem angelsächsischen Missionar entsprechend verändert;

- Ein Mönch vom Festland hat einen angelsächsischen Text als Vorlage benutzt. – das würde dann auch die merkwürdige Mischung von angelsächsischer und festländischer Sprache erklären.

In allen Fällen wird angenommen, dass es sich um eine Übersetzung aus dem Lateinischen handelt. Welche von diesen drei Möglichkeiten zutreffen, in allen Fällen wird deutlich, dass der Name „Woden" hier aus dem angelsächsischen Bereich kommt.

Weiter sagt schon der Name dieses Gelöbnisses, dass es sich auf die Sachsen bezieht. Diese wohnten zu dieser Zeit im Nordwesten Deutschlands. Entsprechend wird es den ‚Aktivitäten' Karls des Großen in den Sachsenkriegen zugeordnet.

Als Hinweis für einen süddeutschen Wodankult ist das sächsische Taufgelöbnis somit nicht brauchbar, verweist allerdings umso klarer auf einen solchen Kult bei den norddeutschen Sachsen.

MERCURIUS CHANNINUS,
vermutlich der Stammesgott der Cananefaten

VVODAN, tefte Paulô Diaconô, *de Geftis Longobard. l. 1. c. 9.*
& Godofredô Viterbienfi, *Chron. part.* 17. Numen fuit olim Germanorum, quod Romani fuâ linguâ Mercurium dixerint. Sed
nihil video, inquit Voffius, unde colligam, *VVodan* vel literatu-
turæ vel facundiæ, vel negotiationi apud Germanos præfuiffe:
At potiùs, unde fiat verifimile, eum rei præfectum militari.
Quippe apud Tacitum eft, *l.* 13. *Annal. c.* 57. *Ab Hermunduris
diverfam aciem Marti ac Mercurio facratam.* Etiam fimilis in eo
cultus, quòd utrique victimas, imò & humanas, mactarent. Imò
Wodan Germanis nòn fuit Deorum nuntius, eoque multo infe-
rior, non Jove folùm, fed cunctis Saturni liberis: Verùm fummus
Deus, Univerfi Præfes. Nam *Wodan*, five *Woden*, eft idem, ac
Guodan feu *Guode*, pro quo *Gode* vel *God* nunc dicimus; facili per-
mutatione literarum *W. GU. G.* & apocope ultimæ fyllabæ:
quemadmodùm aphæreﬁ, *Dan*, unde *Dani* populi pari ratione,
ac à *Theuth*, Teutones. Ab integro verò eft *Godan* five *Codan*,
ﬁnus Codanus: item *Gedanum*, quod aliter Dantifcum. J. Li-
pfius Numen hoc non *VVodan*, fed *VVonfda*, putabat fuiffe dictum,
eò quòd non *VVodeſtag*, fed *VVoonſdag* dicant Belgæ, pro die
Mercurii: quodque Mercurius lucro præfuerit, quod Belgis
VVinſt vel *VVonſt*. Sed non cogitavit, à *VVodan*, vel *VVoden*, effe
VVodanſdag vel *VVodensdag*, unde per fyncopen *VVoonſdag*: Nec
Germanorum Mercurius lucro præfuit, neque à *VVonſt* proin nomen habuit; fed ex voce Θιυθ, *Theuth*, *Thoyth*, *Thoth*, *Thout*,
Thuoth, *VVoth*, (quia *VV.* literâ gaudent Germani) *VVothan*, vel
VVodan, vel *VVoden*, aut *VVode*, terminatione additâ: Unde por-
rò factum *Guoth*, *Goth*, *God* vel *Got*. Quæ deductio firmatur
derivatis *à Godan*, *Dan*, *Theuth*. Nam à *Godan* Inf. Danica Melæ
eft *Codanonia*, quæ nunc Zielant; uti incolæ Ptolemæo *Codano-
nes*. Et quia à *Godan*, extritô o. eft *Gdan*, unde *Dan*, hinc Da-
nis nomen datum: Et affine Δαν 'à Σδαν, pro Ζαν five Ζην. A
Teuth verò Germanicum *Teutſche*; Latin. *Teutoni* vel *Teutones*: ac
ab eodem Gallis *Teutates*. Nempe nationes Germanicæ à Deo,
fuâ quæque dialectô, nomen affumpferunt; quaﬁ *Populum Dei* di-
xeris, quod facere iis vifum, ad cultum Dei inculcandum fuis &
ﬁmul ad terrorem injiciendum hoftibus, Gerh. Joh. Voff. *de Ido-
lol. l.* 1. *c.* 37. *fub fin.* Car. du Frefne verò *VVodenis diem*, Anglis
(quorum Reges ab hoc Deo originem fuam repetebant, tefte Mal-
fmesbur.) feriam VI. fuiffe dictam, ex Ord. Vitali, *l.* 7. & eodem Malmesbur. *de Geftis Regum Anglor. l.* 1. *c.* 1. obfervat in
Gloffar.

Wodan-Seite eines Sprachlexikons aus dem 19. Jahrhundert

Etymologie – *wōđina-
Gleicher Wortschatz?

Alles was wir an Worten und Ausdrücken aus der indoeuropäischen, indogermanischen, gemeingermanischen (auch Protogermanisch genannt), protonordischen oder gotischen Sprache kennen, besteht aus Herleitungen, Rekonstruktionen und Interpretationen. Wir haben keine schriftlichen Zeugnisse, keine Grammatik und keine Rechtschreibregeln zu diesen Sprachen.

Wer einmal in einer Wörterliste aus einer dieser Sprachen blättert, der sieht sehr oft das Zeichen * vor einem Wort; das bedeutet, dass es rekonstruiert wurde. Nun sollte man denken können, dass bei einer Rekonstruktion etwas Altes wieder zusammengesetzt wird, und dazu muss man natürlich wissen, wie dieses Alte genau aussah bzw. ausgesprochen wurde. Beides wissen wir aber nicht, und deshalb bedeuten diese Sternchen lediglich **Versuche, etwas zu rekonstruieren**. Ob damit ins Schwarze getroffen wurde, wissen wir in den meisten Fällen nicht.

Oberhalb vieler solcher Worte stehen oft Striche, sogenannte Tremata, darunter oft auch noch weitere Zeichen. Diese geben in den meisten Fällen an, wie so ein Wort ausgesprochen werden sollte. Auch das können aber nicht mehr sein als Vermutungen, für deren Richtigkeit niemand eine Garantie geben kann.

Diese Umstände sollte man im Gedächtnis behalten, wenn irgendein germanischer oder altnordischer Name etymologisch erklärt wird. Was als ‚Faktum' erscheint, ist meistens nicht mehr als eine Konstruktion und Interpretation, über die man sich in diesem Fall weitgehend einig ist.

Aber sogar das muss relativiert werden, denn es gibt nur sehr wenige Spezialisten, die sich mit diesem Komplex der Sprachgeschichte beschäftigt haben, und deren Ansichten werden dann einfach übernommen. Wie sollte man diese auch verifizieren können, wenn man nicht selber ein ähnliches jahrelanges Studium und entsprechende Forschung hinter sich hat? Umso verwirrender wird es dann noch, wenn sich diese Spezialisten nicht einmal einig sind. Wer hat dann Recht? Wem sollte man glauben? Wer klingt glaubwürdiger? Auf welcher Basis soll man sich da entscheiden? Kann man das überhaupt auf sachlicher Grundlage?

Die Antwort auf die letzte Frage ist leider fast immer negativ. Am Ende bleibt somit nur die eigene Gefühlsentscheidung. Das heißt, dass man die Ansichten übernimmt, die einem am besten in die eigenen Vorgaben passen, also das, was man gerne glauben möchte. Und man nennt dann freilich auch nur die dazu passenden Quellen und die anderen lässt man weg. „Zu veraltet" oder „überholt" wird dann abwinkend gesagt. Aber weshalb oder wieso das so sein soll, das bleibt meistens außen vor.

„**So steht es im RGA**" ist auch so ein viel zu oft benutztes Totschlagargument, das als ‚Beweis' für eine These herhalten muss. Das „**Reallexikon der germanischen Altertumskunde**" (RGA) ist eine hochkarätige schriftliche Plattform, wo Forscher ihre Ideen, Vermutungen, Theorien, Vorschläge, Ergebnisse und Schlussfolgerungen dem (in der Hauptsache wissenschaftlichen) Publikum präsentieren. Das alles ist aber nicht endgültig und soll auch gar nicht der Weisheit letzter Schluss sein; entsprechend befindet sich das RGA in einem andauernden und beständigen Entwicklungsprozess. Trotzdem muss es als ‚Beweismittel' herhalten – wobei viele seriöse Wissenschaftler, die uns Teile ihrer

Kenntnisse, Untersuchungen, Gedanken und Vermutungen im RGA mitteilen, sicher gar nicht glücklich darüber sind, wenn ihre Beiträge wie bewiesene Tatsachen verbreitet werden, an denen zu rütteln müßig sei.

Über die Etymologie des Namens Wodan bestehen unterschiedliche Sichtweisen, wie ein paar Beispiele zeigen mögen:

> ***wōdīn** sb.f.: ON *œði* 'rage, fury', OHG *wuotī* 'madness'. Derived from **wōđaz*.

> ***wōđanaz** sb.m.: ON theon. OE *Wóden* id., OS *Wōden* id., OHG *Wuotan* id. Derived from **wōđaz*.

> ***wōđaz** adj.: Goth *woþs* 'possessed', ON *óðr* 'mad, frantic, furious', OE *wód* 'mad'. Related to Lat *uātēs* 'seer, prophet'

> ***wōđaz** ~ ***wōđō** sb.m./f.: ON *óðr* 'mind, wit, soul, sense', OE *ellen-wód* 'zeal'

Orel: A Handbook of germanic etymology, 2003

Nach dieser sprachwissenschaftlichen Herleitung kommen *Wodin* und *Wodanaz* also beide von *Wodaz*, und das bedeutet entweder „verrückt" und „wütend", oder „Geist, Seele, Vernunft".

Es gibt aber noch andere Deutungen. Eine weitere (gemein)germanische Etymologie gibt als Erklärung:

*wæda-, *wædaz, *wæþa-, *wæþaz, germ., Adj.: nhd. wütend, besessen, erregt; ne. furious, obsessed; RB.: got., an., ae.; Q.: PN; E.: s. idg. *øõt- (1), *øæt-, V., angeregt sein (V.), Pokorny 1113; W.: got. wæþ-s* 3, wæds, Adj. (a), wütend, besessen (, Lehmann W90); W.: an. æŒ-r (2), Adj., wütend, rasend; W.: ae. wæd (2), Adj., wütend, rasend; W.: ae. wÊd-e (1), Adj., wütend, rasend, verrückt; L.: Falk/Torp 414, Heidermanns 685, Kluge s. u. Wut; Son.: Reichert, Lexikon der altgermanischen Namen 2, 1990, 656 (UnwodiR, **Wodan**, Woduride, Vrotilo?)

*wæda-, *wædaz, germ., st. M. (a): nhd. Wut, Zorn; ne. fury; RB.: an., ae., as., ahd.; Hw.: s. *wæda- (Adj.); E.: s. idg. *øõt- (1), *øæt-, V., angeregt sein (V.), Pokorny 1113; W.: an. æŒ-r (1), st. M. (a), Erregtheit, Dichtkunst, Dichtung; W.: ae. wÊd (1), st. N. (a), Wut, Wahnsinn; W.: as. *wæd?, st. F. (i)?, Wut; W.: s. ahd. wuot* (1) 3?, st. F. (i), **Wut**, Raserei, Verrücktheit, Tollheit, Wahnsinn; mhd. wuot, st. F., Wut, Raserei; nhd. Wut, F., Wut, heftige seelisch-leibliche Erregung, DW 30, 2474; L.: Falk/Torp 414

Köbler: Germanisches Wörterbuch, 2007

Wodan soll nach dieser Erklärung also „wütend, tobend, besessen, wahnsinnig" u. ä. bedeuten, aber es gibt auch einen Zusammenhang mit der Dichtkunst. Die hier aufgeführten Deutungen sollen auf indogermanische Begriffe zurückgehen:

vôþa Poesie, Gesang. an. ôđr m. Poesie (auch Verstand?); ags. wôþ f. Gesang, Laut. Vgl. lat. vâtês. *(414:2)*
vôđa wütend, m. Wut. g. vôđs wütend, besessen; an. ôđr dass.; ags. wôđ dass., as. wôđian wüten; ahd. fer-wuot wütend. Subst. ahd. wuot g. wuoti, mhd. wuot m. heftige Gemütsaufregung, stürmisches Verlangen, Wut, nhd. Wut. Dazu germ. vôdana: an. Ôđinn, as. ags. Wôden, ahd. Wuotan. *(414:3; emotion)*

Wörterbuch der Indogermanischen Sprachen, Dritter Teil: Wortschatz der Germanischen Spracheinheit.

Eine andere Erklärung sieht die Rekonstruktionen *wōđina und *wōđinaz als Grundwörter an, die mit „Weissagung" oder „Gott-der-Weissager" zusammenhängen sollen.

Mehr als Spekulation ist das aber auch nicht, kann es auch nicht sein und wird es wohl auch niemals werden.

Oft wird eine etymologische Deutung von „Wodan" als feststehende Tatsache präsentiert und auch so hingenommen. Man schreibt von einander ab, und im Zeitalter des Internets kann man eine solche Deutung dann rasch tausendfach vervielfältigt finden. Wenn viele es sagen, dann muss es schon stimmen, könnte man meinen. Aber es mag jetzt klar geworden sein, dass alle Deutungen in Bezug auf die alten germanischen Sprachen keine bewiesenen Fakten sind.

Die indogermanische Sprachfamilie hat viele Zweige. Dazu gehören z. B. die anatolischen, armenischen, baltischen, griechischen, indoranischen, italischen, slawischen, keltischen und eben die germanischen Sprachen. Die germanische Sprachfamilie kennt auch wieder viele Zweige.

Zwischen dem Indogermanischen und dem Gemeingermanischen gibt es wiederum auch noch Übergangssprachen. Je näher die Entwicklung an unsere Zeit heranreicht, desto mehr neue Variationen und eigene Sprachen entstanden, z. B. geht es im Norden weiter mit dem Proto-Nordisch und dem Altnordisch, im Süden ist die Entwicklung sogar noch differenzierter. Schließlich entstanden dann unsere heutigen Sprachen. Diese ganze Entwicklung zog sich aber über einen Zeitraum von Tausenden von Jahren hin. Da die germanischen Sprachen zu einer Familie gehören, haben viele Worte natürlich in den unterschiedlichen Sprachen die gleichen Wurzeln; aber es sind gleichzeitig Worte, die in dieser langen Zeit unterschiedliche Bedeutungen bekommen haben können. Auch das sollte nicht vergessen werden!

In diesem Zusammenhang sollte ebenfalls nicht vergessen werden, dass nicht festzustellen ist, ob das Wort „Wodan" (oder eine ähnliche Form) als Göttername überhaupt in den Sprachen der germanischen Völker in und nah dem römischen Reich vorkam! Es wird manchmal einfach ohne unterstützende Beweise dafür angenommen. Die Tatsache, dass die Germanen heutzutage überwiegend über ihre Sprache definiert werden, sagt nichts darüber aus, dass alle germanischen Völker auch den gleichen Wortschatz hatten. Das ist sogar eher unwahrscheinlich.

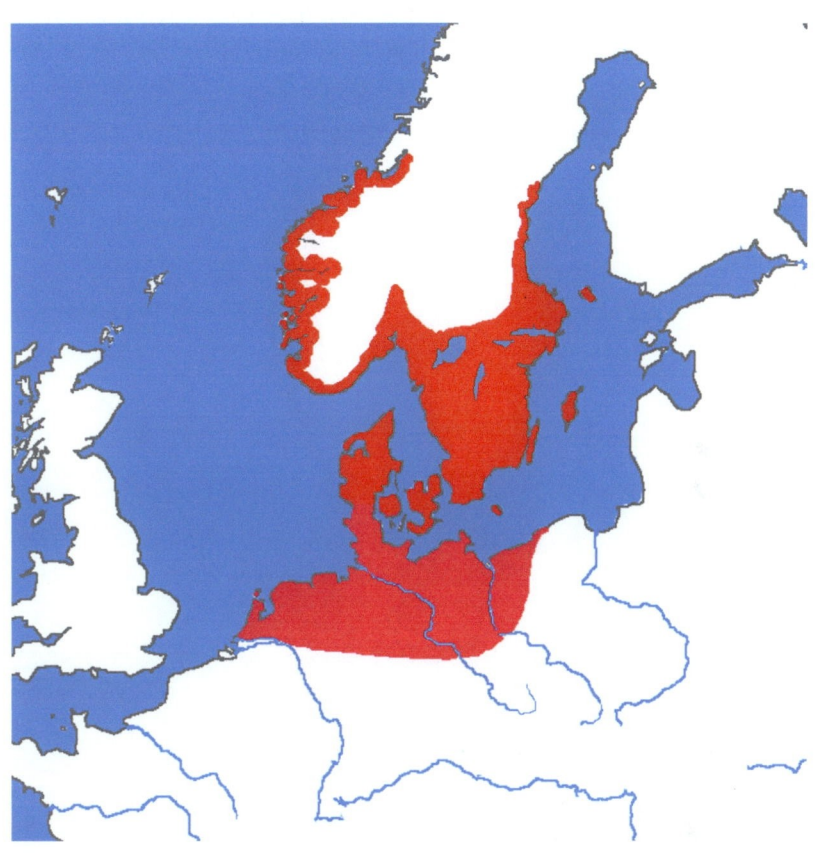

Ursprungsgebiet des Proto-Germanischen,
einer hypothetischen Sprache

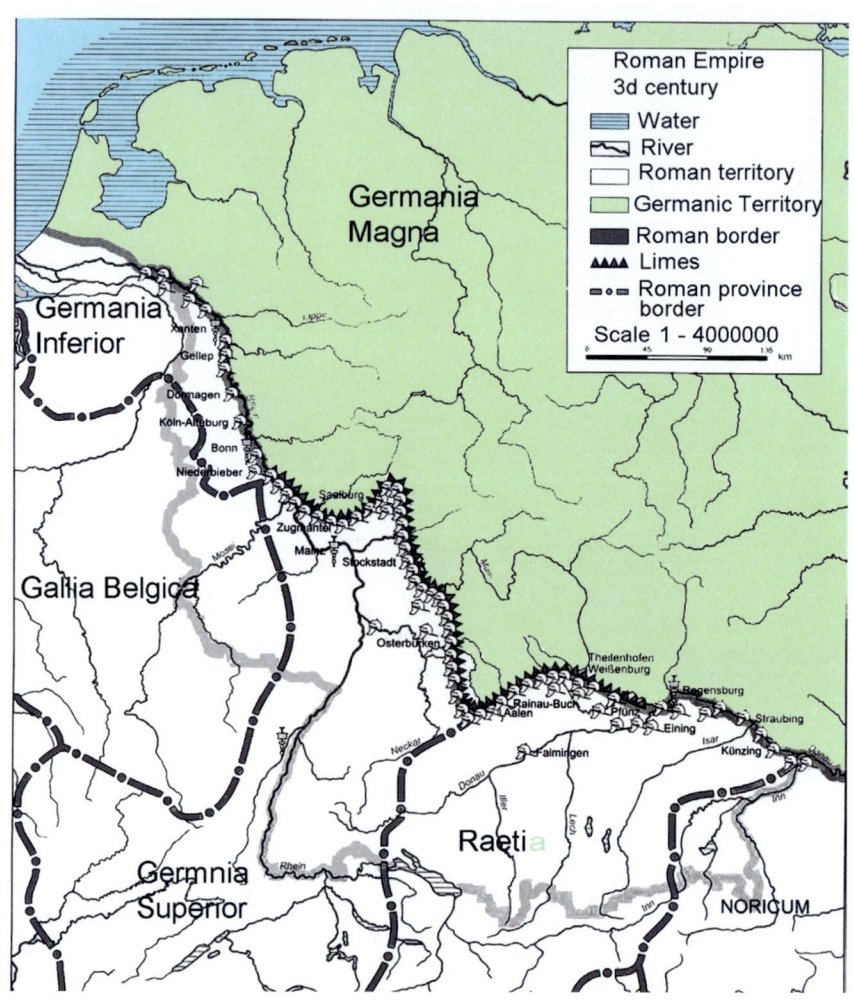

Nördliche römische Provinzen auf dem Festland

Fakten? Ach!

In vielen heutigen Büchern, in die Bemerkungen zum Merkur-Wodan-Thema aufgenommen wurden, werden Überlegungen, Vorschläge, Thesen, usw. als erwiesene Tatsachen präsentiert, die dann von Lesern auch so gesehen werden. Zwei solcher Beispiele:

C. Scott Littleton berichtet in „Gods, Goddesses and Mythology":
> „The Romans identified the Anglo-Saxon god Woden – himself an equivalent of the Norse god Odin – with Mercury."

Übersetzt:
> „Die Römer setzten den angelsächsischen Gott Woden – der wiederum ein Äquivalent des nordischen Gottes Odin ist – mit Merkur gleich."

Es darf aber als sicher gelten, dass Tacitus (oder sein Informant) nicht über Britannien sprach bei der Bemerkung, dass die Germanen Merkur verehrten. Zu Tacitus' Zeit gab es in Britannien nicht einmal den „Woden", dieser taucht dort erst Jahrhunderte später auf. Der Autor weiß das bestimmt auch, und meint sicherlich „den bei den Angelsachsen als Woden bekannten Gott", oder er bezieht sich auf die Angeln und Sachsen vor ihrer Wanderung nach England. Er macht aber mit seiner Abkürzung zum britischen Woden die Bezüge so unklar, dass manche Leser einfach denken, dass Tacitus wirklich einen angelsächsischen Gott gemeint hätte. So wird es jedenfalls auf einigen englischen Webseiten dargestellt.

Eine weitere heute noch immer viel benutzte Quelle im nicht-wissenschaftlichen englischsprachigen Bereich ist „Eddic Mythology" von John Arnott MacCulloch von 1930. Der Autor schreibt über die Merkur-Wodan-Verbindung, als sei dies eine unumstrittene, eindeutig belegte Tatsache, und als solche wird sie dann auch von anderen, die das Buch als Quelle benutzen, weitergegeben. Als Beispiel ein Zitat, wobei die fettgedruckten Teile beachtet werden sollten:

„Tacitus sagt, dass die Germanen, d. h. die rheinländischen Stämme, am meisten Merkur verehren, dem sie nach ihren Gesetzen an bestimmten Tagen Menschenopfer bringen. Die Bataver weihten dem Merkur Votivtafeln, entweder diesem alleine oder gemeinsam mit **Herkules (dem einheimischen Donar)** und Mars (Tiu). In der oberen Ahrregion wurde ein Altar für den Mercurius Channini gefunden. **Merkur steht hier für Wodan.** Johannes von Bobbio spricht über den Gott **Vodan als Merkur**, und Paulus Diaconus sagt, dass Goden von den Römern Merkur genannt wurde.

Wodan ist somit wahrscheinlich der Merkur, der gemeinsam mit Jupiter in der INDICULUS SUPERSTITIORUM aus dem 8. Jahrhundert als der Gott genannt wird, dem Opfer gebracht wurden und dessen Festtage die Sachsen auch noch zu christlicher Zeit begingen. Der Wodankult wurde somit in einem weiten Gebiet gefunden, aber generell wird angenommen, dass er sich aus einer Zentralregion heraus ausbreitete – Niederdeutschland, oder dass er, wenn er in den meisten Gebieten endemisch gewesen sein sollte, durch Einflüsse aus dieser Zentralregion verstärkt wurde. **Die Sachsen, Friesen und Franken räumten Wodan eine hohe Stellung ein.** Als die Sachsen im 5. Jahrhundert in England eindrangen, **war Woden ihr Hauptgott**, von dem Häuptlinge und Könige ihre Abstammung herleiteten."

Um exemplarisch zwei dieser Sätze kurz näher zu betrachten:

- Die Bataven sollen Donar verehrt haben? Sie verehrten wahrscheinlich *Magusjaz* oder *Magsjaz* – in lateinischen Inschriften wurde er zu HERCULES MAGUSANUS. Und der sollte dann ‚in Wirklichkeit' Donar sein? Wirklich? Ach.
- Räumten die Friesen Wodan wirklich eine hohe Stellung ein? Es gibt keine einzige alte Quelle, die das bestätigt. Sie kannten den Gott Weda. Und damit sollte dann Wodan gemeint sein? Ach.

FROM A DRAWING MADE ON THE SPOT IN 1780 BY BARRITT.   WODEN'S CAVE AT ORDSALL.

Platz, an dem die Angelsachsen Woden verehrten, bevor sie dort im 9. Jahrhundert von den Mönchen des Klosters Cluny vertrieben wurden, die ihn dann selber nutzten.

Hier werden Sachen zusammengeklöppelt und Schlussfolgerungen gezogen, die sich, wenn überhaupt, auf wenige und schwache Indizien stützen, und diese werden dann den Lesern als Fakten präsentiert. Wenn es nur bei diesem einen Buch geblieben wäre, hielte sich der Schaden ja noch in Grenzen, aber sogar einige große englischsprachige Lexika haben diese Aussagen unkommentiert übernommen. Wieso sollte man auch bei solchen ,eindeutigen Fakten' noch weiter darüber nachdenken? Also findet sich das dann auch so auf vielen Internetseiten und –foren wieder, oftmals wörtlich zitiert und ohne kritische Bemerkungen.

Merkurbrunnen mit Statue in Augsburg

Schlussfolgerungen – Merkur ≠ Wodan

1. Zu Tacitus' Zeit kannten die Germanen innerhalb des römischen Reiches bis zur Limesgrenze keinen Gott mit dem Namen Wodan (Woden usw.); ihrem sogar wichtigsten Gott (nach Tacitus) diesen Namen zu geben, ist daher unberechtigt. Das gilt auch für diejenigen, die in der römischen Einflusssphäre nördlich des Limes wohnten. Der Zeitraum darf erweitert werden bis etwa zum Ende des 4. Jahrhunderts, als der Limes größtenteils von den Römern aufgegeben wurde. Bis dahin, so darf man annehmen, hatten sich dort keine Germanen angesiedelt, die einen Wodankult praktizierten.

2. Es mag inzwischen deutlich geworden sein, dass die oft angeführten ‚glasklaren' Beweise für einen südlichen Wodankult mindestens fragwürdig sind. Oft hat es dabei den Anschein, als ob man mit Gewalt alles in einen ‚Wodan-Rahmen' einfügen möchte, einerseits um beweisen zu können, dass mit Tacitus' Aussage eines ‚germanischen Merkurs' Wodan gemeint ist, anderseits, um die Auffassung einer Wodan-(Odin-)Verehrung durch **alle** Germanen zu zementieren. Dabei heiligt anscheinend der Zweck die Mittel. Die Schwäche, die Dubiosität und die treibsandähnliche Fundierung aller hier besprochenen Hinweise werden weitgehend ignoriert, und wer darauf hinweist, der wird belächelt. Man geht offenbar ohne weiteres davon aus, dass die Quantität der Hinweise das Rennen macht, oder auf Lateinisch:
DOSIS (SOLA) FACIT VENENUM

3. Aus diesem Grunde wird hier die Schlussfolgerung gezogen, dass es unter den Germanen in der südlichen Hälfte Deutschlands und weiter südlich bis zur Christianisierung keinen generellen, weit verbreiteten Wodankult gegeben hat. Dieser ist außerhalb Skandinaviens beschränkt auf Nordwest-Deutschland und die Niederlande, wahrscheinlich auch einen Teil des Alamannengebiets. Weiter gab es Woden als wichtigen Gott der Angelsachsen.

Generell mag nicht einmal die Vermutung abzulehnen sein, dass die Übertragung des ‚germanischen Merkurs‘ auf Wodan aus der Schreibfeder nur eines einzigen gelehrten mittelalterlichen Klerikers stammt und als Teil eines Lehrstücks über das ‚Netz‘ der Klöster in ganz Europa verbreitet und übernommen wurde. Wir kennen das Phänomen heute nur zu gut vom weltweiten Internet. Dieser Person könnte sogar sehr gut Ælfric von Eynsham gewesen sein, denn in seiner Predigt ‚Über falsche Götter‘ (DE FALSIS DEIS), die über ganz Europa verbreitet wurde, schreibt er:

"Da war ein Mann der Merkur hieß und während seines Lebens war er sehr raffiniert und hinterlistig in seinem Handeln und er liebte die Dieberei und Täuschung. Die Heiden machten ihn dann zu einem großen Gott und brachten ihm Opfer an Wegkreuzungen und legten für ihn Opfergaben auf hohe Hügel. Dieser Gott wurde verehrt von allen Heiden und die Dänen nannten ihn Oðon."

* In den Quellen wird meistens ein Predigt mit dem gleichen Namen vom Wulfstan II, Erzbischof von York, zitiert; das ist entweder eine

Erweiterung oder ein Teil des Predigts von Ælfric, welches dann wieder auf das Werk Martin von Bragas stützte.

Ælfric kannte die älteren Aussagen über Merkur als am höchsten verehrten Gott der Kelten und Germanen und kannte auch den wichtigsten Gott der dänischen Wikinger – da ist eine ‚logische‘ Verbindung schnell gelegt.

Merkurstatue in Maastricht, Niederlande

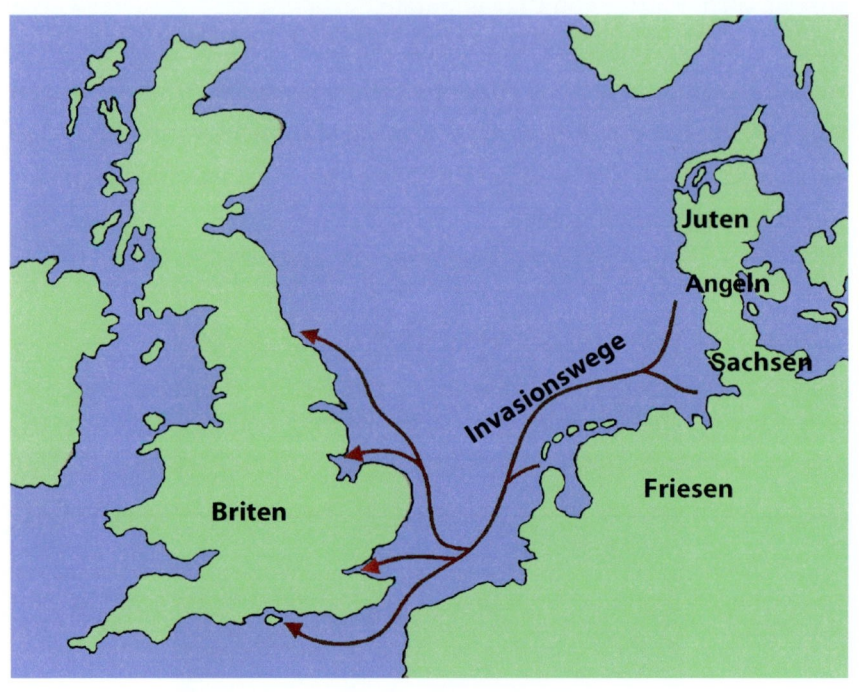

Angeln, Sachsen und Verbündete fallen im 6. Jahrhundert
in England ein

Jacke wie Hose – und doch unterschiedliche Kleidungstücke

Bei den Votiv-Steinen aus römischer Zeit sahen wir die germanischen oder möglicherweise germanischen Götter Channinius, Leud(isio), Hranno, Arvenorix, Avemus, Cimbrius, Alaunus, Bigentius, Eriausius, u.a., die alle mit Merkur gleichgesetzt wurden. Jeder dieser Götter wird wohl zu einem anderen germanischen Stamm gehört haben. Welche Zuständigkeiten sie genau hatten, ist nicht bekannt; da aber ihr römisches Pendant (Merkur) in den Provinzen hauptsächlich zuständig war für Tauschhandel und Unterhandlungen und dem Waffenstillstand dabei, sollte man annehmen können, dass die gleichen Themen auch zu den Zuständigkeiten dieser germanischen Götter gehörten, wenn auch wahrscheinlich nicht ausschließlich.

Auch heute noch existiert die alte Methode aus dem 19. Jahrhundert, alle germanischen Götter, die in etwa den gleichen Wirkungskreis haben, zu einer Gottheit zusammenzufügen und die unterschiedlichen Namen als sprachliche, lokale oder regionale Variationen zu interpretieren. Diese Vorgehensweise wird aber zu Recht von vielen Wissenschaftlern schon lange abgelehnt; sie stammt noch aus der Zeit, als man dachte, alle ‚germanischen‘ Stämme seien Teil eines großen Volkes und dieses müsse dann ‚selbstverständlich‘ auch nur eine einzige Religion gehabt haben. Das ist ein Denkfehler. Die germanischen Völker mögen sich vor langer Zeit aus einem ‚Urvolk‘ entwickelt haben, hatten sich aber in historischer Zeit längst zu eigenständigen Völkern mit eigenen Kulturen entwickelt, inklusive eigener Religionen. Die unterschiedlichen Völker, die wir zu den Germanen rechnen, kamen im Norden in Kontakt mit Finnen und Lappen, weiter südlich mit (nicht romanisierten) Kelten, mit Thrakern, noch weiter südlich mit den nordiranischen Sarmaten und Alanen sowie mit den Bewohnern des Sassanidenreichs und östlich mit Hunnen, Bulgaren, Balten und verschiedenen slawischen Völkern. Außerdem ließen sie sich an vielen Stellen nieder, wo es schon eine alteingesessene Bevölkerung mit eigener Kultur gab.

Es wäre einfach naiv anzunehmen, dass sie durch all dies nicht beeinflusst worden seien.

Wie es bei vielen anderen Kulturen auch der Fall ist, gibt es bei den Göttern der Völker im europäischen Raum zahlreiche mit den gleichen oder sich überschneidenden Charakterbeschreibungen und Zuständigkeiten. So gibt es bei den Kelten und Slaven auch einen Donnergott, auch Kriegsgötter, auch Meeresgötter usw.

Dies ist ebenso innerhalb der germanischen Götterwelt zu verzeichnen. Die meisten Matronen, die auf Votivsteinen genannt werden, haben eine Schutzfunktion, und mehrere ihrer Namen haben etwa die gleiche Bedeutung, aber deshalb sind nicht alle diese Matronen ‚in Wirklichkeit‘ nur eine Matrone. Das behauptet auch niemand. Es wäre somit nicht nur äußerst unwissenschaftlich und unkritisch, sondern auch noch einfach kurzsichtig, alle hier genannten germanischen ‚Merkur-Götter‘ von dem einen Gott ‚Wodan‘ herzuleiten. Das bedeutete auch eine Verneinung und Abwertung des kulturellen Reichtums der betroffenen Völker.

Also ist die überholte INTERPRETATIO GERMANIA zu verlassen, bei der namentlich unterschiedliche Götter verschiedener germanischer Völker zu einer Gottheit komprimiert werden, bloß weil ihre Namen die gleiche sprachliche Herkunft und sie selbst ähnliche Zuständigkeiten haben. Das ist bei Naturreligionen unumgänglich; Regen, Sturm, Gewitter, Zwietracht, Krieg, Ackerbau usw. gab es bei praktisch allen vorindustriellen Völkern und in ihren Religionen gab (und gibt) es für jede dieser Erscheinungen Gottheiten.

Viele germanische Götter haben typische indogermanische charakteristische Merkmale, die sich bei entsprechenden Gottheiten anderer indogermanische Religionen wiederfinden. Der vedische Donnergott Indra schwingt eine Keule die Vajra genannt wird, er trägt einen roten Bart und sein großer Feind ist die Schlange Vritra – da gibt es viel Ähnlichkeit mit Donar.

Da nun die vielen germanischen Sprachen über mehrere Stationen auf eine gemeinsame Sprache zurückgehen, so kann es nicht anders sein, als dass unterschiedliche Namen auf gleiche etymologische Wurzeln zurückgehen.

Aber die Kriegsgötter der Kelten, deren Zuständigkeiten einander in etwa überschneiden, deren Namen vielleicht auch noch etymologisch aus der gleichen Richtung hergeleitet werden können, sind nicht alle ‚in Wirklichkeit‘ Lugh. Wer das behauptet, wird von den Keltologen ausgelacht. Bei den Slawen ist das ebenso. Weshalb soll es bei den Germanen dann anders sein?

Wer flexibel denkt, der sollte auch imstande sein, Abstand zu nehmen von der größtenteils kritikarmen, krampfhaft verbissen anmutenden Übertragung skandinavischer Götter auf den Süden. Die Stämme in unterschiedlichen Gebieten hatten ihre eigenen Götter, in den jeweiligen Übergangsgebieten waren sie dabei vielleicht von den Göttern beider Völker geprägt. Aber ein pauschaler Übertragungsrahmen passt einfach nicht, das geht nur mit einer Zwangsjacke. Viele germanische Götter haben Überschneidun-

gen in ihren Zuständigkeiten, einige mögen sogar ganz die gleichen haben, das haben sie auch gemein mit den Hauptgöttern der
Slawen und Kelten, sogar teilweise etymologisch, wenn man auf
das Indoeuropäische zurückgreift, aber sie in einer Gottheit verei-
nigen zu wollen … nein, diese Ansicht ist überholt.

> „Die beiden Namen Fritz und Fred hängen beide zusam-
> men mit Friedrich und kommen etymologisch von *fridu*
> und *rihi*. Das bedeutet so etwa „Herrscher, der den Frie-
> den handhabt und schützt gegen Waffengewalt" –
> Fritz wohnt im Allgäu und Fred in der Pfalz:
> Sie sind gleich alt und sehen aus, als ob sie Zwillinge
> wären. Sie haben beide ihr Abitur mit 2 bestanden und
> arbeiten seitdem als Bankdirektoren. Sie sind verheira-
> tet, haben zwei Kinder, deren Mütter feurige rote Haare
> haben. Beide sind evangelisch, gehen aber sonntags nicht
> zur Kirche. Vielleicht auch, weil sie an den Wochen-
> enden gerne auf Trödelmärkten nach alten Büchern
> suchen. In ihrer Freizeit tragen sie gern schwarze Klei-
> dung und hören dann laute Metal-Musik. An Arbeitsta-
> gen fahren sie in ihrem dunkelblauen Dienstwagen um
> die 20 km zur Arbeit.
> Dennoch ist der Allgäuer nicht identisch mit dem
> Pfälzer, sie kennen einander auch gar nicht."
>
> GardenStone in einer Web-Diskussion

Abschließende Bemerkung und Danksagung

Eine Schlussbemerkung bleibt noch: Teilweise wurde zuvor auf abweichende Schreibweisen hingewiesen, die Grund waren zur kritischen Bemerkungen. Bei den Diskussionen mit Interessenten während der Quellensuche und dem Schreiben der ersten Fassung gab es gerade dabei eine heitere Note ... wenn ich bei einer Argumentation abweichende Schreibweisen tolerant behandelte und meinte, das müsse man doch nicht so eng sehen, jemand könne sich z. B. verschrieben haben, dann wurden meine Argumente bestritten, weil ich zu tolerant sei bezüglich solch abweichender Schreibweisen, man müsse es nehmen, so wie es da steht. Als ich mich hingegen bei einer anderen ähnlichen Argumentation strikt an solche Schreibweisen hielt, wurden meine Argumente bestritten, weil ich dabei zu wenig Toleranz zeigte. Mal weht der Wind eben von links, mal von rechts, gerade so, wie man es (glauben) möchte.

Und damit endet dieses Stückchen Forschung. Mir hat es sicher etwas, sogar mehr als etwas gebracht, Dir vielleicht auch – so hoffe ich auf jeden Fall, obwohl ich einem guten Freund beipflichten muss, der mir schrieb:

"Ich schreibe ja auch oft gegen weit verbreitete Ansichten an, habe aber zunehmend den Eindruck, dass das alles nicht zur Kenntnis genommen wird. Die Menschen glauben das, was sie glauben *wollen*."

Dennoch

DUM VITA EST, SPES EST
(Solange es Leben gibt, gibt es auch Hoffnung).

DEI DITANTUR

Gedankt wird:

→ Kurt Oertel, der mit seinen umfangreichen Kenntnissen kritische Bemerkungen beisteuerte, die alle Grund waren, Teile zu überarbeiten;

→ mehreren Historikern und gut belesene Interessenten aus dem Internet, mit denen über sämtliche Teile dieses Buches diskutiert wurde und die wertvolle Literaturtipps gaben;

→ Barbara Beyß, die bei ihrer Korrektur einer vorherigen Fassung, die als Erstabdruck in die Zeitschrift ‚Herdfeuer‘ veröffentlicht wurde, mehrere Ergänzungen beisteuerte;

→ meiner Frau Hannelore, die wie so oft zuvor schon, viel Lektoratsarbeit investierte,

→ und nicht zuletzt Dir, liebe Leserin, bester Leser, denn Du hast dieses Buch gekauft und mich damit bestärkt, weitere Forschungsthemen anzugehen.

Nachsinniger Ausklang

Hier ist die keltische Göttin Rosmerta mit Merkur abgebildet.

Weil es sich um eine Göttin handelt, konnte es keine Identifizierung mit Merkur geben, deshalb wird sie als seine Begleiterin genannt. Ihre Attribute sind die des Merkurs, der CADUCEUS (Heroldsstab) und das MARSUPIUM (Geldbeutel). Rosmertas Einflusssphären sind Fruchtbarkeit und materielle Fülle.

Haben Germanen bei den Handelskontakten mit den Römern vielleicht auch an Fülle gedacht beim Einbeziehen ihrer Götter?

MERCVR*io*
BIGENTIO
M · CASSIVS
VENVST*us*
r. s. l. m.

Eine ähnliche Frage kann gestellt werden bei der Inschrift eines Votivaltars, dem MERCURIUS-BIGENTIUS geweiht. Ein Heiligtum dieses Gottes wird bei Neumagen (Rheinland-Pfalz) vermutet, von dort stammt auch diese Inschrift. Obwohl es nicht gesichert ist, wird angenommen, dass Bigentius ein gallischer, möglicherweise gallo-germanischer Gott des Handels ist.

Benutzte Quellen

Bildverzeichnis

S 4: Germanische Ratsversammlung, Relief der Marc-Aurel-Säule in Rom. Quelle: Wikipedia Commons. Public domain.

S. 8: Relief der römische Gott Merkur auf der Wand einer Unterführung in der Stadtring der Niederländischen Stadt Amersfoort. Quelle: Wikipedia, owner Willemnabuurs, Freigegeben unter GNU-Lizenz.

S. 10: Merkur erscheint Aenaeas, Giovanni Battista Tiepolo, (1696–1770). Quelle: Wikipedia, public domain.

S. 15: MERCURIUS AVERNUS. Quelle: Wikipedia; Marcus, A.: Die Gripswalder Matronen- und Mercuriussteine. Fest-Programm zu Winckelmann's Geburtstage. 1863, Public domain.

S. 16: CIMBRIANUS. Fragment eines Votivaltars für MERCURIUS CIMBRIANUS, gefunden bei Mainz. Quelle: http://www.museen-mainlimes. de/content/2-museen/fund.php?id=4; benutzt für eine eigene Bearbeitung.

S. 19: Moorleiche: Der Mann von Osterby mit Suebenknotenfrisur. Quelle: Wikimedia Commons, Dauerausstellung des Archäologischen Landesmuseums Schloss Gottorf, Schleswig. Gefunden 1948 im Köhlmoor bei Osterby. C14-Datiert zwischen 75 und 130 nach Chr. Urheber: Bullenwächter, freigegeben unter GNU-Lizenz für freie Dokumentation.

S. 20: Büste von Gaius Julius Caesar im Nationalen archäologischen Museum Neapel. Foto von Andreas Wahra im März 1997. Quelle: Wikimedia Commons, public domain.

S. 22: Seite der Germania aus dem Codex Aesinas. Quelle: Till, Rudolf, Handschriftliche Untersuchungen zu Tacitus Agricola und Germania. Berlin-Dahlem, 1943.

S. 26: Mercurius von Hendrick Goltzius (1558–1617). Quelle: Wikimedia Commons, fotografiert von Web Gallery of Art. Das Gemälde befindet sich im Frans Hals Museum in den Niederlanden. Public domain.

S. 31: Walküre auf einem Pferd, Stephan Sinding (1846–1922). Quelle: Wikipedia Commons, public domain.

S. 32: „Wodans „Wilde Jagd"", Friedrich Wilhelm Heine (1845-1921). Quelle: Wägner, Wilhelm, Germanische Göttersagen, S. 77, Leipzig, 1907.

S. 37: Der ‚heilige Salzfluss' Werra, Quelle: Wikimedia Commons, Author Michael Sander, freigegeben unter GNU Free Documentation License.

S. 39: Opferplatz der Semnonen, Doepler, Emil. ca. 1905. Quelle: Wikimedia Commons, aus: Walhall, die Götterwelt der Germanen. Martin Oldenbourg, Berlin. Fotografiert von Haukurth. Public domain.

S. 40: Mercurius Friavsio. Quelle: Bogaers, J. E., Twee Romeinse wijmonumenten uit Alem, Noord-Brabant, in: Berichten van de Rijksdienst voor het Oudheidkundig Bodemonderzoek vol. 12, S. 50-51, 1962/83.

S. 43: Wodans Abschied von Brunhild. Quelle: Wikipedia; „Wotans Farewell to Brunhilde", aus dem Buch: Emilie, Baker, Emilie Kip, Stories from Northern Myths, S. 202, New York, 1914, public domain.

S. 44: Odin, H. E. Freund (1825-1827). Quelle: Wikimedia Commons; Foto von Bloodofox. Public domain.

S. 47: Adam von Bremen. Quelle:
http://wikinger.npage.de/wikinger_13168599.html

S. 52: Seite aus der GESTA HAMMABURGENSIS ECCLESIAE PONTI-FICUM. Quelle: Wikipedia; Scan aus: Puhle, Matthias (Hrsg.), Otto der Große, Bd. II, S. 8. Public domain.

S. 59: Der Missionar und Bischof Ansgar von Bremen predigt in Schweden, 9. Jahrhundert. Quelle: http://wadbring.com/historia/sidor/upsala.htm

S. 60: Wodan-Statue vor dem Rathaus in der Stadt Thale, Harz. Quelle: http://h-a-r-z.net/wotan.html, Bildbearbeitung GardenStone.

S. 62: Exeter-Buch. Quelle: http://www.library.arizona.edu/exhibits/illu-man/11_03.html

S. 63: Sächsische Flagge mit dem weißen Drachen, wie sie die Sachsen beim Zug nach England getragen haben sollen. Quelle: http://www.whitedragon-flagofengland.com/history-2.php

S. 65: Merseburger Zaubersprüche. Quelle: http://titus.uni-frankfurt.de/texte/etcs/germ/ahd/mersebg/mersebg/merseb1o.jpg. Public domain.

S. 67: Kloster und Dom von Fulda während der Renaissancezeit 1655 – die Basilika stammt aus dem 9. Jhd., Quelle: Wikipedia; Stich von Matthäus Merian, 1655.

S. 68: Wodan heilt Balders Pferd, Emil Doepler (1855–1922). Quelle: Wikipedia commons, aus: Oldenburg, Martin, Walhall, die Götterwelt der Germanen, S. 14, Berlin, 1905. Fotografiert und beschnitten von Haukurth. Public domain.

S. 72: Sankt Kolumban von Luxeuil. Quelle: Wikipedia, public domain.

S. 75: Roswodiz Vodha Radegast, aus: „Versuch einer Slavischen Mythologie", Andrej S. Kajsarov. Quelle: Wikimedia Commons, public domain.

S. 77: Vodyonoy Stein, nahe einem Restaurant im Dorf Peklo im Metuje-Flusstal zwischen Náchod und Nové Město nad Metují, Ost-Böhmen, Tschechien, Autor Karelj. Quelle: Wikimedia Commons, freigegeben unter GNU Free Documentation License.

S. 78: Seite aus der HISTORIA LANGOBARDORUM, 11. Jahrhundert, Quelle: Wikipedia, Universitätsbibliothek Salzburg. Public domain.

S. 81: PAULUS DIACONUS. Quelle: Wikimedia Commons, public domain.

S. 84: Wodan Frea Himmelsfenster, Emil Doepler (1855–1922). Quelle: Wikipedia Commons, aus: Walhall, die Götterwelt der Germanen, Martin Oldenbourg, Berlin, 1905. S. 12. Fotografiert von Haukurth. Public Domain.

S. 87: Höhepunkt der langobardischen Herrschaft in Italien um 750–785. Quelle: Wikimedia Commons, hochgeladen von Castagna zu it.wikipedia, public domain.

S. 95: Sankt Barbas (Barbatus von Benevento). Quelle: Benvento. LA PRESENTAZIONE DEL LIBRO 'SUL CAMMINO DI SAN BARBATO', http://ilmezzogiornoce.wordpress.com/2011/05/07/benvento-la-presentazione-del-libro-sul-cammino-di-san-barbato/

S. 97: Heiliger Baum von Benevent. Quelle: Halloween & the Witches of Benevento, Bild: La Danza delle Streghe (Hexensabbat) by Pericle Fazzini. Source: http://www.periclefazzini.it/ http://blog.augustuscollection.com/?p=290 und http://museo.periclefazzini.it/

S. 99: MERCURIUS-HRANNO. Quelle: Epigraphik-Datenbank Clauss/Slaby, EDCS, Belegstelle: AE 1988, 00896.

S. 100: BEDA VENERABILIS: St. Beda übersetzt die Predikt von John by J. D. Penrose. Quelle: http://catholicradiodramas.com/saints/b/bede/i-desire-to-see-christ/

S. 103: Manuskriptseite von St. Bede's HISTORIA ECCLESIASTICA GEN-
TIS ANGLORUM (fertiggestellt 731/732). Quelle: http://www.britannica.
com/bps/media-view/94577/1/0/0

S. 104: Britannien zu Nennius' Zeit, Quelle: Wikimedia Commons; „The Rise
of Northumbria, 600–700", compiled using several sources by Notuncuri-
ous, published under the Creative Commons Attribution-Share Alike 3.0.

S. 107: Die mythischen Gestalten Horsa und Hengist setzen Fuß auf britischen
Boden, aus „A Restitution of Decayed Intelligence" by Richard Verstegan
(1605). Quelle: Wikipedia, public domain.

S. 108: Das Kloster zu Eynsham. Quelle: http://www.antique-prints-maps.
co.uk/acatalog/ref1.php?imagefile=../largeimages/BuckEEynhamAbb.JPG

S. 108: Fragment einer Predigt Ælfric von Eynshams, Quelle: http://www.
rosenkilde-bagger.dk/Early%20English%20Volumes.htm

S. 111: Cassiodorus führt Besucher durch sein Kloster, ca. 570 CE. Quelle:
http://www9.georgetown.edu/faculty/jod/setton.html

S. 112: Nordendorfer Runenfibel Vorderseite, Quelle: http://chronico.de/erle-
ben/wissenschaft/0000297/ - Original im Alamannenmuseum, Ellwangen.

S. 114: Nordendorfer Runenfibel Rückseite, Quelle: Düwel, Klaus, Runenkunde, 2. Auflage, S. 23(5), Stuttgart, 1982.

S. 122: Das Gebiet der Alamannen um etwa 400 d. Z. Quelle: http://www.
alsace-terroir.com/article-les_origines-2.html

S: 123: Clovis I, François-Louis Dejuinne (1786-1844). Quelle: Wikimedia
Commons, public domain.

S. 124: Deutschlandkarte mit Lage von Nordendorf, GardenStone

S. 125: Godesberg mit Godesburg, Quelle: http://www.godesberger-markt.de/

S. 127: Odenbach in Rheinland-Pfalz. Quelle: http://www.odenbachamglan.de

S. 129: Melibokus. Quelle: Wikimedia commons; Freigegeben von ‚Diana'
unter GNU-lizenz.

S. 130: Widukinds Taufe, Quelle: Rethel, Alfred, Bilder-Cyclus aus dem Leben
Karls des Grossen, Düsseldorf, 1870, und: Quelle: Wikimedia Commons,
Müller-Baden, Emanuel (Hrsg.): Bibliothek des allgemeinen und prakti-
schen Wissens, Bd. 2. - Berlin, Leipzig, Wien, Stuttgart: Deutsches Verlag-
haus Bong & Co, 1904. - 1. Aufl.), uploader Wolpertinger. Public domain.

S. 133: MERCURIUS CHANNINUS, vermutlich Stammesgott der Canane-faten. Quelle: Epigraphik-Datenbank Clauss/Slaby EDCS, http://www1.ku-eichstaett.de/epigr/uah-bilder.php?bild=$OS_CIL_13_07781_1.jpg

S. 134: Wodan-Seite eines etymologischen Lexikons aus dem 19. Jahrhundert. Quelle unbekannt, Bild als E-Mail-Anhang ohne weiteren Kommentar zugesandt. Copyright-frei.

S. 141: Ursprungsgebiet des Proto-Germanischen, einer hypothetischen Spra-che. Quelle: Wikimedia Commons; freigegeben durch den Autor Wiglaf als public domain.

S. 142: Nördliche römische Provinzen auf dem Festland, Quelle: http://www.lsg.musin.de/geschichte/Material/Bilder/Limes-karte.jpg, Bildbearbeitung: GardenStone.

S. 145 Woden-Heiligtum bei Ordsall, England, James Hall, 1808. Quelle: www.genuki.org.uk/big/eng/LAN/Salford/Woden.jpg

S. 146: Merkurbrunnen Augsburg, Quelle: Wikimedia Commons, Besitzer Augsburgerle, freigegeben unter GNU-Lizenz.

S. 149: Bronze Statue MERCURIUS im Garten des Restaurants Château Neercanne in Maastricht, Niederlande. Quelle: http://www.mrf.nl/templa-tes/mercury.asp?S._id=2203. Detailausschnitt von GardenStone.

S. 150: Invasionswege der Angeln und Sachsen im 6. Jahrhundert. Quelle: GardenStone.

S. 157: Rosmerta. Quelle: Wikimedia Commons; Statue der Rosmerta (links) und Merkur (rechts) von QuartierLatin1968, lizensiert unter Creative Commons Attribution-Share Alike 3.0 Unported.

S. 158: MERCURIUS BIGENTIUS. Quelle: „Bericht über die Fortschritte der Römisch-Germanischen Forschung im Jahre 1905, Frankfurt, 1906.

Bibliografie

Außer einer intensiven Internetrecherche und angenehmen Diskussionen und Austausch mit Spezialisten vielerlei Art in Mailinglisten, Newsgroups und Webforen, wurden auch viele schriftlichen Quellen herangezogen, diese waren die Hauptquellen. Deshalb für Interessenten hier die Liste der herangezogenen Literatur. Das oft zitierte „Reallexikon der germanischen Altertumskunde" wurde wie häufig üblich „RGA" abgekürzt.

Äberg, Nils, Die Goten und Langobarden in Italien, Uppsala, 1923.

Antonsen, Elmer H., Runes and Germanic linguistics, De Gruyter, Berlin-New York, 2002.

Plassmann, Alheydis, Origo gentis: Identitäts- und Legitimitätsstiftung in früh- und hochmittelalterlichen Herkunftserzählungen, Akademie Verlag, Berlin 2004.

Antonsen, Elmer H., Runes and Germanic linguistics, De Gruyter, Berlin-New York, 2002.

Balz, Horst Robert, Krause, Gerhard, u.a., Theologische Realenzyklopädie, De Gruyter, Berlin-New York, 1984.

Bammesberger, A. (Ed.), Waxenberger, G., (Ed.), Fuþark und seine einzelsprachlichen Weiterentwicklungen: Tagung in Eichstätt 20.-24.7.2003 (RGA-Ergaenzungsband 51), De Gruyter, Berlin-New York, 2006.

Bandle, Oscar, Braunmüller, Kurt, Elmevik, Lennart, Gun Widmark, Gun, (Ed.), The Nordic Languages: An International Handbook of the History of the North Germanic Languages, Vol. 1, De Gruyter, Berlin-New York, 2002.

Beck, Heinrich, Hoops, Johannes, Luchs-Metrum, in: RGA, Band 19, Ausgabe 2, De Gruyter, Berlin-New York 2006.

Beck, Heinrich, (Hrsg.), Germanenprobleme in heutiger Sicht, De Gruyter, Berlin–New York, 1986.

Beck, Heinrich, Müller, Rosemarie, Fibel und Fibeltracht, RGA, Student Edition, De Gruyter, Berlin-New York, 2000.

164

Besch, Werner, Betten, Anne, Reichmann, Oskar, Sonderegger, Stefan, Sprachgeschichte, Ein Handbuch zur Geschichte der deutschen Sprache und ihrer Erforschung, 2. überarbeitete Ausgabe, De Gruyter, Berlin-New York 2000.

Bethurum, D., (Ed.), The Homilies of Wulfstan, Oxford, 1957.

Bobiensis, Jonas, Ionae Vitae sanctorum Columbani, Vedastis, Iohannis, Krusch Bruno Editor, Hannover-Leipzig, 1905.

Bogaers, J.E., Twee Romeinse wijmonumenten uit Alem, Noord-Brabant, in: Berichten van de Rijksdienst voor het Oudheidkundig Bodemonderzoek vol. 12, S. 39-56, 1962/83.

Bonnefoy, Yves, Doniger, Wendy, Roman and European mythologies, The University of Chicago Press, Chicago, 1992.

Brüning, Christian, Die „Wilde Jagd", in: Herdfeuer, die Zeitschrift des Eldaring e.V., Heft 16, Kiel, 2007.

Byvanck, A. W., Excerpta Romana. De Bronnen der Romeinsche Geschiedenis van Nederland, 3 Bände, 's-Gravenhage, 1932.

Chadwick, Nora K., Early Culture and Learning in North Wales, Studies in the Early British Church, Cambridge, 1958.

Couper-Kuhlen, Elizabeth, Kortmann, Bernd, Cause, Condition, Concession, Contrast: Cognitive and Discourse Perspectives, De Gruyter, Berlin-New York, 2000.

Derks, Ton, Gods, temples, and ritual practices, The Transformation of Religious Ideas and Values in Roman Gaul, Amsterdam University Press, Amsterdam, 1998.

Dick, Stefanie, Der Mythos vom „germanischen" Königtum, Band 60 der Ergänzungsbände des RGA, De Gruyter, Berlin–New York, 2008.

Dorcey, Peter F., The Cult of Silvanus: A Study in Roman Folk Religion, Brill, Leiden, 1992.

Dowden, Ken, European paganism: the realities of cult from antiquity to the Middle Ages, Routledge, London 2000.

Düwel, K., Neumann, H., Nowak, S., Werner-Reimers-Stiftung, Runische Schriftkultur in kontinental-skandinavischer und -angelsächsischer Wechselbeziehung: internationales Symposium in der Werner-Reimers-Stiftung 24.-27. Juni 1992 in Bad Homburg, De Gruyter, Berlin-New York, 1994.

Düwel, Klaus, Runenkunde, 2., um einen Anhang vermehrte Auflage, Metzler-sche Verlagsbuchhandlung, Stuttgart, 1982.

Earle, John, Anglo-Saxon Literature, Society for promotion christian know-ledge, London, 1884.

Egger, Rudolf, Mercurius Nundinator, Österreichische Akademie der Wissen-schaften. Philosophisch-Historische Klasse. Anzeiger, Jhrg. 1965, no. 2., H. Böhlau, Vienna, 1965.

Fraesdorff, David, Der barbarische Norden, Vorstellungen und Fremdheits-kategorien bei Rimbert, Thietmar von Merseburg, Adam von Bremen und Helmold von Bosau, Akademie Verlag, Berlin 2005.

Fick, August, Falk, Hjalmar, Wörterbuch der Indogermanischen Sprachen, Dritter Teil: Wortschatz der Germanischen Spracheinheit, überarbeitet von Alf Torp in 1909, in elektronische Version (PDF) ergänzt und unterhalten von Dieter Studer, elektronische Version (PDF), Zürich, 2006.

Frazer, William O., Tyrrell, Andrew, Social identity in early medieval Britain, Continuum International Publishing Group, London - New York, 2000.

Giles, J. A., (Ed.), Six Old English Chronicles, Henry G. Bohn, London, 1848.

Graaf, J. J., Nederlandsche doopnamen naar oorsprong en gebruik, Bussum, 1915.

Green, D. H., Language and History in the Early Germanic World, 2nd ed., Cambridge University Press, Cambridge, 2000.

Greenberg, Marc L., Dialect Variation along the Mura, Croatica et Slavica Iadertina I, p. 107-123, Zadar, 2005.

Grimm, Jacob, Deutsche Mythologie, 3 Bände, 1. Ausgabe 1835, hier in einen Nachdruck der 4. ergänzten Ausgabe von 1875/78, Lizenzausgabe, Drei Lilien Verlag, Wiesbaden, 1992.

Grzega, Joachim, On the names for wednesday in germanic dialects with spe-cial reference to west germanic, Onomasiology Online 2, 2001.

Halsall, Guy, Humour, history and politics in late antiquity and the early Middle Ages, Cambridge University Press, Cambridge, 2002.

Heine, Alexander, (Hrsg), Geschichte der Langobarden, Paulus Diaconus und die Geschichtsschreiber der Langobarden, nach der Übersetzung von Otto Abel, 2nd edition, Phaidon, Kettwig, 1992.

Herrmann, Joachim, Die Slawen in Deutschland, Akademie-Verlag, Berlin, 1985.

Herrmann, Joachim, Zwischen Hradschin und Vineta. Frühe Kulturen der Westslaven, Urania, Leipzig-Jena-Berlin, 1981.

Hessmann, P., Namenforschung im ostniederländisch-westfälischen Grenzgebiet, Rodopi, Amsterdam, 1978.

Hettrich, Heinrich, Nahl, Astrid van, Neumann, Günter, Namenstudien zum Altgermanischen, De Gruyter, Berlin-New York 2008.

Jourdan, Christine, Tuite, Kevin, Language, culture, and society: Key topics in linguistic anthropology, Cambridge University Press, Cambridge, 2006.

Kapolnasi, Gergely, Die römische Religion in den Provinzen: Gallien und Britannien. Die Interpretatio Romana und die Grenzen der Toleranz, GRIN Verlag, Munich, 2007.

Kluge, Friedrich, Seebold, Elmar, Etymologisches Wörterbuch der deutschen Sprache, 24. überarbeitete Ausgabe, De Gruyter, Berlin-New York, 2002.

Köbler, Gerhard, Germanisches Wörterbuch, (3. Auflage) 2003

Köbler, Gerhard, Gotisches Wörterbuch, (2. Auflage), Gießen, 1989.

Kortlandt, Frederik, Remarks on Winter's Law, in: Dutch Contributions to the Tenth International Congress of Slavists, in: Studies in Slavic and General Linguistics 11, Amsterdam, 1988.

Krause, Wolfgang, Runen, De Gruyter, Berlin–New York, 1993.

Krebs, Christopher B., Negotiatio Germaniae, Vandenhoeck & Ruprecht, Göttingen 2005.

Krüger, Bruno, (Leiter des Autorenkollektivs), Die Germanen. Ein Handbuch, Geschichte und Kultur der germanischen Stämme in Mitteleuropa, 2 Bände, Akademie-Verlag, Berlin, 1979.

Lapidge, Michael, Keynes, Simon, Godden, Malcolm, Anglo-Saxon England: volume 31, Cambridge University Press, Cambridge, 2003.

Lindsay, Wallace Martin, Nohl, Hans, Die Lateinische Sprache, Übersetzung: Hans Nohl, Georg Olms Verlag, Hildesheim-Zürich-New York, 1984.

Loewe, Richard, Germanische Sprachwissenschaft, I, Einleitung und Lautlehre, De Gruyter, Berlin-Leipzig, 1870.

Looijenga, Tineke, Texts & contexts of the oldest Runic inscriptions, BRIL, Leiden, 2003.

MacCulloch, John Arnott, Eddic Mythology, The Mythology of All Races In Thirteen Volumes, Volume II, Archaeological Institute of America Marshall Jones Company – Boston 1930.

Martin, John Stanley, From Godan to Wotan: An examination of two langobardic mythological texts, in: Barnes, Geraldine, Clunies Ross, Margaret, (Ed.), Old Norse Myths, Literature and Society, Proceedings of the 11th International Saga Conference, University of Sydney, Sydney, 2000.

Mertens, Dieter, Die Instrumentalisierung der "Germania" des Tacitus durch die deutschen Humanisten, in: RGA Ergänzungsband 34, S. 37-101, Berlin, New York, 2004.

Mommsen, Theodor, Die Quellen der Langobardengeschichte, in: Gesammelte Schriften, Ausgabe 3, Georg Olms Verlag, Hildesheim, 1994.

Mogk, Eugen, Die Menschenopfer bei den Germanen, In: Reihe: Abhandlungen der Philologisch-Historischen Klasse der Königlich-Sächsischen Gesellschaft der Wissenschaften ; 27,17, S. 604 - 643, Leipzig, 1909.

Much, Rudolf, Die Germania des Tacitus, dritte, beträchtlich erweiterte Auflage, unter Mitarbeit von Herbert Jankuhn, Carl Winter – Universitätsverlag, Heidelberg, 1967.

Müller, Rosemarie, (Red.), Germanen, Germania, Germanische Altertumskunde, RGA, Studienausgabe, De Gruyter, Berlin–New York, 1998.

Naumann, Hans-Peter, Lanter, Franziska, Szokody, Oliver, Alemannien und der Norden: Internationales Symposium 18.-20. Oktober 2001 in Zürich, De Gruyter, Berlin-New York, 2004.

Nennius, History Of The Britons (Historia Brittonum), translated by J. A. Giles, Whitefish, 2004.

North, Richard, Heathen gods in Old English literature, Cambridge University Press, Cambridge 1997.

O'Donnell, Daniel Paul, Collins, Dawn, Cædmon's Hymn, Society for Early English and Norse Electronic Texts, Brewer, Melton, Woodbridge 2005.

Orel, Vladimir, A Handbook of Germanic Etymology, Brill, Leiden–Boston, 2003.

168

Padberg, Lutz von, Mission und Christianisierung: Formen und Folgen bei Angelsachsen und Franken im 7. und 8. Jahrhundert, Franz Steiner Verlag, Stuttgart, 1995.

Paraschkewow, Boris, Wörter und Namen gleicher Herkunft und Struktur: Lexikon etymologischer Dubletten im Deutschen, De Gruyter, Berlin-New York, 2004.

Qvist, J.D., (Ed.), Arna-Magnaean Society, Edda Snorronis Sturlaei, Kopenhagen, 1848.

Rives, J. B., Tacitus, Germania, Clarendon ancient history series, Oxford University Press, 1999

Roesler, Robert, Über die Namen der Wochentage, Hof- und Universitätsbuchhandlung Wilhelm Braumüller, Wien, 1865.

Rübekeil, Ludwig, Ethnisches in germanischen Personennamen?, in: Nomen et Fraternitas, Festschrift für Dieter Geuenich zum 65. Geburtstag, Hrsg. Ludwig, Uwe, Schilp, Thomas, De Gruyter, Berlin, 2008.

Schaar, Dr. J. van der, Woordenboek van voornamen, Utrecht, 1981.

Schröter, P., Skelettreste aus zwei römischen Brunnen von Regensburg-Harting als archäologische Belege für Menschenopfer bei den Germanen der Kaiserzeit, Stadt Regensburg, Oberpfalz, in: Das archäologische Jahr in Bayern, S. 118-120, Regensburg, 1984.

Schmal, Stephan, Tacitus, Studienbücher Antike, Band 14, Georg Olms Verlag, Hildesheim-Zürich-New York, 2009.

Schmitt, Ludwig Erich, Kurzer Grundriss der germanischen Philologie bis 1500, De Gruyter, Berlin-New York, 1971.

Schutz, Herbert, Tools, weapons and ornaments: Germanic material culture in Pre-Carolingian Central Europe, 400-750, Brill, Leiden, 2001.

Slade, Benjamin, Woden's nine herbs charm, from Lacnunga LXXIX-LXXXII, text and facing translation, British Library Board, 2002.

Slocum, Jonathan, An Anglo-Saxon Dictionary, Linguistics Research Center in The College of Liberal Arts, The Univiersity of Texas at Austin, Online version, Austin, 2009.

Spickermann, Wolfgang (Hrsg), Religion in den germanischen Provinzen Roms, Mohr-Siebeck, Tübingen 2001.

Spinder, Max, Handbuch der bayerischen Geschichte, Band I, München, 1981.

Stotz, Peter, Handbuch zur lateinischen Sprache des Mittelalters, Band 3, Lautlehre, C. H. Beck, München, 1996.

Thorpe, Benjamin, Codex Exoniensis, A collection of anglo-saxon poetry, from a manuscript in the library of the Dean and Chapter of Exeter, with an english translation, London, 1842.

Verhagen, Britta, Kam Odin-Wodan aus dem Osten?, Grabert, Tübingen, 1994.

Vries, Jan de, Altgermanische Religionsgeschichte, 2 Bände, De Gruyter, Berlin, 1956.

Wagner, N., Ein neugefundener Wodensname, BJ, 188: 238-9, 1988

Waitz, Georg, (Ed.), Origo gentis Langobardorum, Monumenta Germaniae Historica, Hanover, 1878.

Wendel, Alfred, Online "Zeittafel von Odenbach", http://www.odenbacham-glan.de

Wolfram, Herwig, Die Germanen, 7. Auflage, C. H. Beck, München, 2002.

Zdenek Vana, Mythologie und Götterwelt der slawischen Völker, Verlag Urachhaus, Stuttgart, 1992.

GardenStone
Der Nerthus-Anspruch

Wer war eigentlich Nerthus, die Göttin, die von sieben kleineren Germanenstämmen im Norden verehrt worden sein soll? Die Darstellung von Tacitus in der Germania wird überprüft und mit den neuesten historischen Forschungsergebnissen verglichen.

Broschiert, 164 Seiten, 34 s/w-Abbildungen
Books on Demand, Norderstedt, ISBN 978-3-8423-6721-0

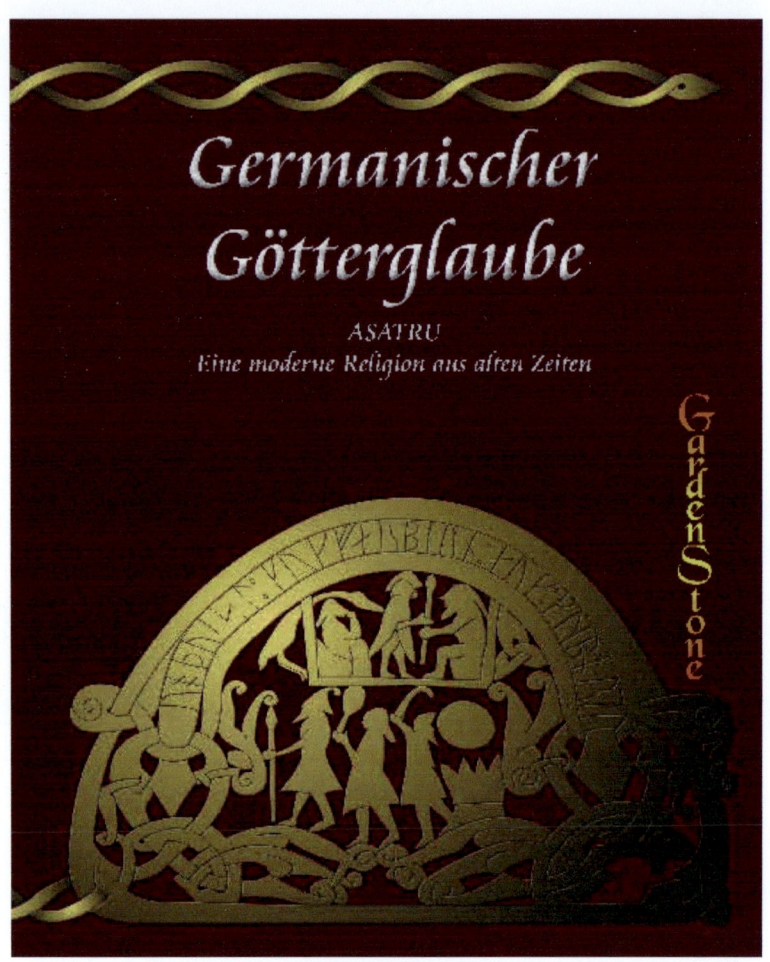

GardenStone
Germanischer Götterglaube – Asatru

Umfangreicher Überblick über die moderne Religion Asatru, basierend auf Weltanschauungen der Germanen und Wikinger.

Broschiert, 544 Seiten, hunderte von Abbildungen
Books on Demand, Norderstedt, ISBN 978-3-8391-3158-9